CHINEES

WOORDENSCHAT

THEMATISCHE WOORDENLIJST

NEDERLANDS
CHINEES

De meest bruikbare woorden
Om uw woordenschat uit te breiden en
uw taalvaardigheid aan te scherpen

3000 woorden

Thematische woordenschat Nederlands-Chinees - 3000 woorden

Door Andrey Taranov

Woordenlijsten van T&P Books zijn bedoeld om u woorden van een vreemde taal te helpen leren, onthouden, en bestudering. Dit woordenboek is ingedeeld in thema's en behandelt alle belangrijk terreinen van het dagelijkse leven, bedrijven, wetenschap, cultuur, etc.

Het proces van het leren van woorden met behulp van de op thema's gebaseerde aanpak van T&P Books biedt u de volgende voordelen:

- Correct gegroepeerde informatie is bepalend voor succes bij opeenvolgende stadia van het leren van woorden
- De beschikbaarheid van woorden die van dezelfde stam zijn maakt het mogelijk om woordgroepen te onthouden (in plaats van losse woorden)
- Kleine groepen van woorden faciliteren het proces van het aanmaken van associatieve verbindingen, die nodig zijn bij het consolideren van de woordenschat
- Het niveau van talenkennis kan worden ingeschat door het aantal geleerde woorden

T&P Books Publishing
www.tpbooks.com

ISBN: 978-1-78492-381-5

Dit boek is ook beschikbaar in e-boek formaat.
Gelieve www.tpbooks.com te bezoeken of de belangrijkste online boekwinkels.

CHINESE WOORDENSCHAT
nieuwe woorden leren

T&P Books woordenlijsten zijn bedoeld om u te helpen vreemde woorden te leren, te onthouden, en te bestuderen. De woordenschat bevat meer dan 3000 veel gebruikte woorden die thematisch geordend zijn.

- De woordenlijst bevat de meest gebruikte woorden
- Aanbevolen als aanvulling bij welke taalcursus dan ook
- Voldoet aan de behoeften van de beginnende en gevorderde student in vreemde talen
- Geschikt voor dagelijks gebruik, bestudering en zelftestactiviteiten
- Maakt het mogelijk om uw woordenschat te evalueren

Bijzondere kenmerken van de woordenschat

- De woorden zijn gerangschikt naar hun betekenis, niet volgens alfabet
- De woorden worden weergegoven in drie kolommen om bestudering en zelftesten te vergemakkelijken
- Woorden in groepen worden verdeeld in kleine blokken om het leerproces te vergemakkelijken
- De woordenschat biedt een handige en eenvoudige beschrijving van elk buitenlands woord

De woordenschat bevat 101 onderwerpen zoals:

Basisconcepten, getallen, kleuren, maanden, seizoenen, meeteenheden, kleding en accessoires, eten & voeding, restaurant, familieleden, verwanten, karakter, gevoelens, emoties, ziekten, stad, dorp, bezienswaardigheden, winkelen, geld, huis, thuis, kantoor, werken op kantoor, import & export, marketing, werk zoeken, sport, onderwijs, computer, internet, gereedschap, natuur, landen, nationaliteiten en meer ...

INHOUDSOPGAVE

Uitspraakgids   8
Afkortingen   10

BASISBEGRIPPEN   11

1. Voornaamwoorden   11
2. Begroetingen. Begroetingen   11
3. Vragen   12
4. Voorzetsels   12
5. Functiewoorden. Bijwoorden. Deel 1   12
6. Functiewoorden. Bijwoorden. Deel 2   14

GETALLEN. DIVERSEN   16

7. Kardinale getallen. Deel 1   16
8. Kardinale getallen. Deel 2   17
9. Ordinale getallen   17

KLEUREN. MEETEENHEDEN   18

10. Kleuren   18
11. Meeteenheden   18
12. Containers   19

BELANGRIJKSTE WERKWOORDEN   21

13. De belangrijkste werkwoorden. Deel 1   21
14. De belangrijkste werkwoorden. Deel 2   22
15. De belangrijkste werkwoorden. Deel 3   22
16. De belangrijkste werkwoorden. Deel 4   23

TIJD. KALENDER   25

17. Dagen van de week   25
18. Uren. Dag en nacht   25
19. Maanden. Seizoenen   26

REIZEN. HOTEL   28

20. Trip. Reizen   28
21. Hotel   28
22. Bezienswaardigheden   29

VERVOER   31

23. Vliegveld   31
24. Vliegtuig   32
25. Trein   32
26. Schip   33

STAD   36

27. Stedelijk vervoer   36
28. Stad. Het leven in de stad   37
29. Stedelijke instellingen   38
30. Borden   39
31. Winkelen   40

KLEDING EN ACCESSOIRES   42

32. Bovenkleding. Jassen   42
33. Heren & dames kleding   42
34. Kleding. Ondergoed   43
35. Hoofddeksels   43
36. Schoeisel   43
37. Persoonlijke accessoires   44
38. Kleding. Diversen   44
39. Persoonlijke verzorging. Schoonheidsmiddelen   45
40. Horloges. Klokken   46

ALLEDAAGSE ERVARING   4/

41. Geld   47
42. Post. Postkantoor   48
43. Bankieren   48
44. Telefoon. Telefoongesprek   49
45. Mobiele telefoon   50
46. Schrijfbehoeften   50
47. Vreemde talen   51

MAALTIJDEN. RESTAURANT   53

48. Tafelschikking   53
49. Restaurant   53
50. Maaltijden   53
51. Bereide gerechten   54
52. Voedsel   55

53. Drankjes 57
54. Groenten 58
55. Vruchten. Noten 58
56. Brood. Snoep 59
57. Kruiden 60

PERSOONLIJKE INFORMATIE. FAMILIE 61

58. Persoonlijke informatie. Formulieren 61
59. Familieleden. Verwanten 61
60. Vrienden. Collega's 62

MENSELIJK LICHAAM. GENEESKUNDE 64

61. Hoofd 64
62. Menselijk lichaam 65
63. Ziekten 65
64. Symptomen. Behandelingen. Deel 1 67
65. Symptomen. Behandelingen. Deel 2 68
66. Symptomen. Behandelingen. Deel 3 69
67. Geneeskunde. Medicijnen. Accessoires 69

APPARTEMENT 71

68. Appartement 71
69. Meubels. Interieur 71
70. Beddengoed 72
71. Keuken 72
72. Badkamer 73
73. Huishoudelijke apparaten 74

DE AARDE. WEER 75

74. De kosmische ruimte 75
75. De Aarde 76
76. Windrichtingen 76
77. Zee. Oceaan 77
78. Namen van zeeën en oceanen 78
79. Bergen 79
80. Bergen namen 80
81. Rivieren 80
82. Namen van rivieren 81
83. Bos 81
84. Natuurlijke hulpbronnen 82
85. Weer 83
86. Zwaar weer. Natuurrampen 84

FAUNA 86

87. Zoogdieren. Roofdieren 86
88. Wilde dieren 86

89. Huisdieren   87
90. Vogels   88
91. Vis. Zeedieren   90
92. Amfibieën. Reptielen   90
93. Insecten   91

FLORA   92

94. Bomen   92
95. Heesters   92
96. Vruchten. Bessen   93
97. Bloemen. Planten   93
98. Granen, graankorrels   95

LANDEN VAN DE WERELD   96

99. Landen. Deel 1   96
100. Landen. Deel 2   97
101. Landen. Deel 3   97

UITSPRAAKGIDS

Letter	Chinees voorbeeld	T&P fonetisch alfabet	Nederlands voorbeeld
a	tóufa	[a]	acht
ai	hǎi	[aɪ]	byte, majoor
an	bèipàn	[an]	ander, panamahoed
ang	pīncháng	[ɑ̃]	nasale [a]
ao	gǎnmào	[aʊ]	blauw
b	Bànfǎ	[p]	parallel, koper
c	cǎo	[tsh]	handschoenen
ch	chē	[ʈʂh]	aspiraat ch
d	dīdá	[t]	tomaat, taart
e	dēngjì	[ɛ]	elf, zwembad
ei	běihǎi	[eɪ]	Azerbeidzjan
en	xúnwèn	[ə]	formule, wachten
eng	bēngkuì	[ə̃]	nasale [e]
er	érzi	[ɛr]	opmerken, sterk
f	fǎyuàn	[f]	feestdag, informeren
g	gōnglù	[k]	kennen, kleur
h	hǎitún	[h]	het, herhalen
i	fēijī	[iː]	team, portier
ia	jiā	[jɑ]	januari, jaar
ian	kànjiàn	[jʌn]	januari
ie	jiéyuē	[je]	project, yen
in	cónglín	[iːn]	zestien, tiende
j	jīqì	[tɕ]	ongeveer 'tjie'
k	kuàilè	[kh]	deukhoed, Stockholm
l	lúnzi	[l]	delen, luchter
m	hémǎ	[m]	morgen, etmaal
n	nǐ hǎo	[n]	nemen, zonder
o	yībō	[ɔ]	aankomst, bot
ong	chénggōng	[ʊ̃]	nasale [u]
ou	běiměizhōu	[ɔʊ]	snowboard,
p	pào	[ph]	ophouden, ophangen
q	qiáo	[tɕh]	ongeveer 'tsjie'
r	rè	[ʒ]	journalist, rouge
s	sàipǎo	[s]	spreken, kosten
sh	shāsī	[ʃ]	komt dichtbij [ch] - shampoo, machine
t	tūrán	[th]	luchthaven, stadhuis
u	dáfù	[u], [ʊ]	hoed, rood
ua	chuán	[ua]	trottoir, douane
un	yúchǔn	[uːn], [ʊn]	zoon, telefoon
ü	lǚxíng	[y]	fuut, uur
ün	shēnyùn	[jun]	juni, adjunct

Letter	Chinees voorbeeld	T&P fonetisch alfabet	Nederlands voorbeeld
uo	zuòwèi	[uɔ]	combinatie van klanken [u] en [o]
w	wùzhì	[w]	twee, willen
x	xiǎo	[ɕ]	Chicago, jasje
z	zérèn	[ts]	niets, plaats
zh	zhǎo	[dʒ]	jeans, jungle

Opmerkingen

Eerste toon (hoog niveau toon) In de eerste toon blijft de toonhoogte van uw stem constant en enigszins hoog door de lettergreep. Voorbeeld - mā Tweede toon (omhoog gaande toon)
In de tweede toon, gaat de toonhoogte van uw stem licht omhoog tijdens het uitspreken van de lettergreep. Voorbeeld - má Derde toon (laag-vallend-omhoog gaande toon)
In de derde toon, gaat de toonhoogte van uw stem omlaag, en gaat dan weer omhoog in dezelfde lettergreep. Voorbeeld - mǎ Vierde toon (dalende toon)
In de vierde toon, de toonhoogte van uw stem gaat scherp naar beneden tijdens de lettergreep. Voorbeeld - mà vijfde toon (neutrale toon)
In de neutrale toon, hangt de toonhoogte van uw stem af van het woord dat u zegt, maar is normaal gesproken gezegd korter en zachter dan de andere lettergrepen. Voorbeeld - ma

AFKORTINGEN
gebruikt in de woordenschat

Nederlandse afkortingen

mann.	-	mannelijk
vrouw.	-	vrouwelijk
mv.	-	meervoud
on.ww.	-	onovergankelijk werkwoord
ov.ww.	-	overgankelijk werkwoord
bn	-	bijvoeglijk naamwoord
bw	-	bijwoord
abn	-	als bijvoeglijk naamwoord
bijv.	-	bijvoorbeeld
enz.	-	enzovoort
wisk.	-	wiskunde
enk.	-	enkelvoud
ov.	-	over
mil.	-	militair
vn	-	voornaamwoord
telb.	-	telbaar
form.	-	formele taal
ontelb.	-	ontelbaar
inform.	-	informele taal
vw	-	voegwoord
vz	-	voorzetsel
ww	-	werkwoord

Nederlandse artikelen

de	-	gemeenschappelijk geslacht
het	-	onzijdig
de/het	-	onzijdig, gemeenschappelijk geslacht

BASISBEGRIPPEN

1. Voornaamwoorden

ik	我	wǒ
jij, je	你	nǐ
hij	他	tā
zij, ze	她	tā
het	它	tā
wij, we	我们	wǒ men
jullie	你们	nǐ men
zij, ze (mann.)	他们	tā men

2. Begroetingen. Begroetingen

Hallo! Dag!	你好!	nǐ hǎo!
Hallo!	你们好!	nǐmen hǎo!
Goedemorgen!	早上好!	zǎo shàng hǎo!
Goedemiddag!	午安!	wǔ ān!
Goedenavond!	晚上好!	wǎn shàng hǎo!
gedag zeggen (groeten)	问好	wèn hǎo
Hoi!	你好!	nǐ hǎo!
groeten (het)	问候	wèn hòu
verwelkomen (ww)	欢迎	huān yíng
Hoe gaat het?	你好吗?	nǐ hǎo ma?
Is er nog nieuws?	有 什么 新 消息?	yǒu shénme xīn xiāoxi?
Dag! Tot ziens!	再见!	zài jiàn!
Tot snel! Tot ziens!	回头见!	huí tóu jiàn!
Vaarwel!	再见!	zài jiàn!
afscheid nemen (ww)	说再见	shuō zài jiàn
Tot kijk!	回头见!	huí tóu jiàn!
Dank u!	谢谢!	xièxie!
Dank u wel!	多谢!	duō xiè!
Graag gedaan	不客气	bù kè qi
Geen dank!	不用谢谢!	bùyòng xièxie!
Geen moeite.	没什么	méi shén me
Excuseer me, ...	请原谅	qǐng yuán liàng
zich verontschuldigen	道歉	dào qiàn
Mijn excuses	我道歉	wǒ dào qiàn
Het spijt me!	对不起!	duì bu qǐ!
vergeven (ww)	原谅	yuán liàng
alsjeblieft	请	qǐng

Vergeet het niet!	别忘了!	bié wàng le!
Natuurlijk!	当然!	dāng rán!
Natuurlijk niet!	当然不是!	dāng rán bù shi!
Akkoord!	同意!	tóng yì!
Zo is het genoeg!	够了!	gòu le!

3. Vragen

Wie?	谁?	shéi?
Wat?	什么?	shén me?
Waar?	在哪儿?	zài nǎr?
Waarheen?	到哪儿?	dào nǎr?
Waar ... vandaan?	从哪儿来?	cóng nǎr lái?
Wanneer?	什么时候?	shénme shíhou?
Waarom?	为了什么目的?	wèile shénme mùdì?
Waarom?	为什么?	wèi shénme?
Waarvoor dan ook?	为了什么目的?	wèile shénme mùdì?
Hoe?	如何?	rú hé?
Welk?	哪个?	nǎ ge?
Aan wie?	给谁?	gěi shéi?
Over wie?	关于谁?	guān yú shéi?
Waarover?	关于什么?	guān yú shénme?
Met wie?	跟谁?	gēns héi?
Hoeveel?	多少?	duōshao?
Van wie?	谁的?	shéi de?

4. Voorzetsels

met (bijv. ~ beleg)	和, 跟	hé, gēn
zonder (~ accent)	没有	méi yǒu
naar (in de richting van)	往	wǎng
over (praten ~)	关于	guān yú
voor (in tijd)	在 … 之前	zài ... zhī qián
voor (aan de voorkant)	在 … 前面	zài ... qián mian
onder (lager dan)	在 … 下面	zài ... xià mian
boven (hoger dan)	在 … 上方	zài ... shàng fāng
op (bovenop)	在 … 上	zài ... shàng
van (uit, afkomstig van)	从	cóng
van (gemaakt van)	… 做的	... zuò de
over (bijv. ~ een uur)	在 … 之后	zài ... zhī hòu
over (over de bovenkant)	跨过	kuà guò

5. Functiewoorden. Bijwoorden. Deel 1

Waar?	在哪儿?	zài nǎr?
hier (bw)	在这儿	zài zhèr

daar (bw)	那儿	nàr
ergens (bw)	某处	mǒu chù
nergens (bw)	无处	wú chù
bij ... (in de buurt)	在 ··· 旁边	zài ... páng biān
bij het raam	在窗户旁边	zài chuānghu páng biān
Waarheen?	到哪儿?	dào nǎr?
hierheen (bw)	到这儿	dào zhèr
daarheen (bw)	往那边	wǎng nà bian
hiervandaan (bw)	从这里	cóng zhè lǐ
daarvandaan (bw)	从那里	cóng nà lǐ
dichtbij (bw)	附近	fù jìn
ver (bw)	远	yuǎn
in de buurt (van ...)	在 ··· 附近	zài ... fù jìn
vlakbij (bw)	在附近，在近处	zài fù jìn, zài jìn chǔ
niet ver (bw)	不远	bù yuǎn
linker (bn)	左边的	zuǒ bian de
links (bw)	在左边	zài zuǒ bian
linksaf, naar links (bw)	往左	wàng zuǒ
rechter (bn)	右边的	yòu bian de
rechts (bw)	在右边	zài yòu bian
rechtsaf, naar rechts (bw)	往右	wàng yòu
vooraan (bw)	在前面	zài qián miàn
voorste (bn)	前 ···，前面的	qián ..., qián miàn do
vooruit (bw)	先走	xiān zǒu
achter (bw)	在后面	zài hòu miàn
van achteren (bw)	从后面	cóng hòu miàn
achteruit (naar achteren)	往后	wàng hòu
midden (het)	中间	zhōng jiān
in het midden (bw)	在中间	zài zhōng jiān
opzij (bw)	在一边	zài yī biān
overal (bw)	到处	dào chù
omheen (bw)	周围	zhōu wéi
binnenuit (bw)	从里面	cóng lǐ miàn
naar ergens (bw)	往某处	wàng mǒu chù
rechtdoor (bw)	径直地	jìng zhí de
terug (bijv. ~ komen)	往后	wàng hòu
ergens vandaan (bw)	从任何地方	cóng rèn hé de fāng
ergens vandaan (en dit geld moet ~ komen)	从某处	cóng mǒu chù
ten eerste (bw)	第一	dì yī
ten tweede (bw)	第二	dì èr
ten derde (bw)	第三	dì sān
plotseling (bw)	忽然	hū rán

in het begin (bw)	最初	zuì chū
voor de eerste keer (bw)	初次	chū cì
lang voor ... (bw)	··· 之前很久	... zhī qián hěn jiǔ
opnieuw (bw)	重新	chóng xīn
voor eeuwig (bw)	永远	yǒng yuǎn

nooit (bw)	从未	cóng wèi
weer (bw)	再	zài
nu (bw)	目前	mù qián
vaak (bw)	经常	jīng cháng
toen (bw)	当时	dāng shí
urgent (bw)	紧急地	jǐn jí de
meestal (bw)	通常	tōng cháng

trouwens, ... (tussen haakjes)	顺便	shùn biàn
mogelijk (bw)	可能	kě néng
waarschijnlijk (bw)	大概	dà gài
misschien (bw)	可能	kě néng
trouwens (bw)	再说 ···	zài shuō ...
daarom ...	所以 ···	suǒ yǐ ...
in weerwil van ...	尽管 ···	jǐn guǎn ...
dankzij ...	由于 ···	yóu yú ...

wat (vn)	什么	shén me
iets (vn)	某物	mǒu wù
iets	任何事	rèn hé shì
niets (vn)	毫不，决不	háo bù, jué bù

wie (~ is daar?)	谁	shéi
iemand (een onbekende)	有人	yǒu rén
iemand (een bepaald persoon)	某人	mǒu rén

niemand (vn)	无人	wú rén
nergens (bw)	哪里都不	nǎ lǐ dōu bù
niemands (bn)	无人的	wú rén de
iemands (bn)	某人的	mǒu rén de

zo (Ik ben ~ blij)	这么	zhè me
ook (evenals)	也	yě
alsook (eveneens)	也	yě

6. Functiewoorden. Bijwoorden. Deel 2

Waarom?	为什么?	wèi shénme?
om een bepaalde reden	由于某种原因	yóu yú mǒu zhǒng yuán yīn
omdat ...	因为 ···	yīn wèi ...
voor een bepaald doel	不知为什么	bùzhī wèi shénme

en (vw)	和	hé
of (vw)	或者，还是	huò zhě, hái shì
maar (vw)	但	dàn
voor (vz)	为	wèi

te (~ veel mensen)	太	tài
alleen (bw)	只	zhǐ
precies (bw)	精确地	jīng què de
ongeveer (~ 10 kg)	大约	dà yuē
omstreeks (bw)	大概	dà gài
bij benadering (bn)	大概的	dà gài de
bijna (bw)	差不多	chà bu duō
rest (de)	剩下的	shèng xià de
elk (bn)	每个的	měi gè de
om het even welk	任何	rèn hé
veel (grote hoeveelheid)	许多	xǔ duō
veel mensen	很多人	hěn duō rén
iedereen (alle personen)	都	dōu
in ruil voor ...	作为交换	zuò wéi jiāo huàn
in ruil (bw)	作为交换	zuò wéi jiāo huàn
met de hand (bw)	手工	shǒu gōng
onwaarschijnlijk (bw)	几乎不	jī hū bù
waarschijnlijk (bw)	可能	kě néng
met opzet (bw)	故意	gù yì
toevallig (bw)	偶然的	ǒu rán de
zeer (bw)	很	hěn
bijvoorbeeld (bw)	例如	lì rú
tussen (~ twee steden)	之间	zhī jiān
tussen (te midden van)	在 ··· 中	zài ... zhōng
zoveel (bw)	这么多	zhè me duō
vooral (bw)	特别	tè bié

GETALLEN. DIVERSEN

7. Kardinale getallen. Deel 1

nul	零	líng
een	一	yī
twee	二	èr
drie	三	sān
vier	四	sì
vijf	五	wǔ
zes	六	liù
zeven	七	qī
acht	八	bā
negen	九	jiǔ
tien	十	shí
elf	十一	shí yī
twaalf	十二	shí èr
dertien	十三	shí sān
veertien	十四	shí sì
vijftien	十五	shí wǔ
zestien	十六	shí liù
zeventien	十七	shí qī
achttien	十八	shí bā
negentien	十九	shí jiǔ
twintig	二十	èrshí
eenentwintig	二十一	èrshí yī
tweeëntwintig	二十二	èrshí èr
drieëntwintig	二十三	èrshí sān
dertig	三十	sānshí
eenendertig	三十一	sānshí yī
tweeëndertig	三十二	sānshí èr
drieëndertig	三十三	sānshí sān
veertig	四十	sìshí
eenenveertig	四十一	sìshí yī
tweeënveertig	四十二	sìshí èr
drieënveertig	四十三	sìshí sān
vijftig	五十	wǔshí
eenenvijftig	五十一	wǔshí yī
tweeënvijftig	五十二	wǔshí èr
drieënvijftig	五十三	wǔshí sān
zestig	六十	liùshí
eenenzestig	六十一	liùshí yī

| tweeënzestig | 六十二 | liùshí èr |
| drieënzestig | 六十三 | liùshí sān |

zeventig	七十	qīshí
eenenzeventig	七十一	qīshí yī
tweeënzeventig	七十二	qīshí èr
drieënzeventig	七十三	qīshí sān

tachtig	八十	bāshí
eenentachtig	八十一	bāshí yī
tweeëntachtig	八十二	bāshí èr
drieëntachtig	八十三	bāshí sān

negentig	九十	jiǔshí
eenennegentig	九十一	jiǔshí yī
tweeënnegentig	九十二	jiǔshí èr
drieënnegentig	九十三	jiǔshí sān

8. Kardinale getallen. Deel 2

honderd	一百	yī bǎi
tweehonderd	两百	liǎng bǎi
driehonderd	三百	sān bǎi
vierhonderd	四百	sì bǎi
vijfhonderd	五百	wǔ bǎi

zeshonderd	六百	liù bǎi
zevenhonderd	七白	qī bǎi
achthonderd	八百	bā bǎi
negenhonderd	九百	jiǔ bǎi

duizend	一千	yī qiān
tweeduizend	两千	liǎng qiān
drieduizend	三千	sān qiān
tienduizend	一万	yī wàn
honderdduizend	十万	shí wàn
miljoen (het)	百万	bǎi wàn
miljard (het)	十亿	shíyì

9. Ordinale getallen

eerste (bn)	第一	dì yī
tweede (bn)	第二	dì èr
derde (bn)	第三	dì sān
vierde (bn)	第四	dì sì
vijfde (bn)	第五	dì wǔ

zesde (bn)	第六	dì liù
zevende (bn)	第七	dì qī
achtste (bn)	第八	dì bā
negende (bn)	第九	dì jiǔ
tiende (bn)	第十	dì shí

KLEUREN. MEETEENHEDEN

10. Kleuren

kleur (de)	颜色	yán sè
tint (de)	色调	sè diào
kleurnuance (de)	色调	sè diào
regenboog (de)	彩虹	cǎi hóng
wit (bn)	白的	bái de
zwart (bn)	黑色的	hēi sè de
grijs (bn)	灰色的	huī sè de
groen (bn)	绿色的	lǜ sè de
geel (bn)	黄色的	huáng sè de
rood (bn)	红色的	hóng sè de
blauw (bn)	蓝色的	lán sè
lichtblauw (bn)	天蓝色的	tiānlán sè
roze (bn)	粉红色的	fěnhóng sè
oranje (bn)	橙色的	chéng sè de
violet (bn)	紫色的	zǐ sè de
bruin (bn)	棕色的	zōng sè de
goud (bn)	金色的	jīn sè de
zilverkleurig (bn)	银白色的	yín bái sè de
beige (bn)	浅棕色的	qiǎn zōng sè de
roomkleurig (bn)	奶油色的	nǎi yóu sè de
turkoois (bn)	青绿色的	qīng lǜ sè de
kersrood (bn)	樱桃色的	yīng táo sè de
lila (bn)	淡紫色的	dànzǐ sè de
karmijnrood (bn)	深红色的	shēn hóng sè de
licht (bn)	淡色的	dàn sè de
donker (bn)	深色的	shēn sè de
fel (bn)	鲜艳的	xiān yàn de
kleur-, kleurig (bn)	有色的	yǒu sè de
kleuren- (abn)	彩色的	cǎi sè de
zwart-wit (bn)	黑白色的	hēi bái sè de
eenkleurig (bn)	单色的	dān sè de
veelkleurig (bn)	杂色的	zá sè de

11. Meeteenheden

gewicht (het)	重量	zhòng liàng
lengte (de)	长，长度	cháng, cháng dù

breedte (de)	宽度	kuān dù
hoogte (de)	高度	gāo dù
diepte (de)	深度	shēn dù
volume (het)	容量	róng liàng
oppervlakte (de)	面积	miàn jī
gram (het)	克	kè
milligram (het)	毫克	háo kè
kilogram (het)	公斤	gōng jīn
ton (duizend kilo)	吨	dūn
pond (het)	磅	bàng
ons (het)	盎司	àng sī
meter (de)	米	mǐ
millimeter (de)	毫米	háo mǐ
centimeter (de)	厘米	límǐ
kilometer (de)	公里	gōng lǐ
mijl (de)	英里	yīng lǐ
duim (de)	英寸	yīng cùn
voet (de)	英尺	yīng chǐ
yard (de)	码	mǎ
vierkante meter (de)	平方米	píng fāng mǐ
hectare (de)	公顷	gōng qǐng
liter (de)	升	shēng
graad (de)	度	dù
volt (de)	伏，伏特	fú, fú tè
ampère (de)	安培	ān péi
paardenkracht (de)	马力	mǎ lì
hoeveelheid (de)	量	liàng
een beetje ...	一点	yī diǎn
helft (de)	一半	yī bàn
dozijn (het)	一打	yī dá
stuk (het)	个	gè
afmeting (de)	大小	dà xiǎo
schaal (bijv. ~ van 1 op 50)	比例	bǐ lì
minimaal (bn)	最低的	zuì dī de
minste (bn)	最小的	zuì xiǎo de
medium (bn)	中等的	zhōng děng de
maximaal (bn)	最多的	zuì duō de
grootste (bn)	最大的	zuì dà de

12. Containers

glazen pot (de)	玻璃罐	bōli guàn
blik (conserven~)	罐头	guàn tou
emmer (de)	吊桶	diào tǒng
ton (bijv. regenton)	桶	tǒng
ronde waterbak (de)	盆	pén

tank (bijv. watertank-70-ltr)	箱	xiāng
heupfles (de)	小酒壶	xiǎo jiǔ hú
jerrycan (de)	汽油罐	qì yóu guàn
tank (bijv. ketelwagen)	储水箱	chǔ shuǐ xiāng
beker (de)	马克杯	mǎkè bēi
kopje (het)	杯子	bēi zi
schoteltje (het)	碟子	dié zi
glas (het)	杯子	bēi zi
wijnglas (het)	酒杯	jiǔ bēi
steelpan (de)	炖锅	dùn guō
fles (de)	瓶子	píng zi
flessenhals (de)	瓶颈	píng jǐng
karaf (de)	长颈玻璃瓶	chángjǐng bōli píng
kruik (de)	粘土壶	nián tǔ hú
vat (het)	器皿	qì mǐn
pot (de)	花盆	huā pén
vaas (de)	花瓶	huā píng
flacon (de)	小瓶	xiǎo píng
flesje (het)	小玻璃瓶	xiǎo bōli píng
tube (bijv. ~ tandpasta)	软管	ruǎn guǎn
zak (bijv. ~ aardappelen)	麻袋	má dài
tasje (het)	袋	dài
pakje (~ sigaretten, enz.)	包，盒	bāo, hé
doos (de)	盒子	hé zi
kist (de)	箱子	xiāng zi
mand (de)	篮子	lán zi

BELANGRIJKSTE WERKWOORDEN

13. De belangrijkste werkwoorden. Deel 1

aanbevelen (ww)	推荐	tuī jiàn
aandringen (ww)	坚持	jiān chí
aankomen (per auto, enz.)	来到	lái dào
aanraken (ww)	摸	mō
adviseren (ww)	建议	jià nyì
afdalen (on.ww.)	下来	xià lai
afslaan (naar rechts ~)	转弯	zhuǎn wān
antwoorden (ww)	回答	huí dá
bang zijn (ww)	害怕	hài pà
bedreigen (bijv. met een pistool)	威胁	wēi xié
bedriegen (ww)	骗	piàn
beëindigen (ww)	结束	jié shù
beginnen (ww)	开始	kāi shǐ
begrijpen (ww)	明白	míng bai
beheren (managen)	管理	guǎn lǐ
beledigen (met scheldwoorden)	侮辱	wǔ rǔ
beloven (ww)	承诺	chéng nuò
bereiden (koken)	做饭	zuò fàn
bespreken (spreken over)	讨论	tǎo lùn
bestellen (eten ~)	订	dìng
bestraffen (een stout kind)	惩罚	chéng fá
betalen (ww)	付，支付	fù, zhī fù
betekenen (beduiden)	表示	biǎo shì
betreuren (ww)	后悔	hòu huǐ
bevallen (prettig vinden)	喜欢	xǐ huan
bevelen (mil.)	命令	mìng lìng
bevrijden (stad, enz.)	解放	jiě fàng
bewaren (ww)	保存	bǎo cún
bezitten (ww)	拥有	yōng yǒu
bidden (praten met God)	祈祷	qí dǎo
binnengaan (een kamer ~)	进来	jìn lái
breken (ww)	打破	dǎ pò
controleren (ww)	控制	kòng zhì
creëren (ww)	创造	chuàng zào
deelnemen (ww)	参与	cān yù
denken (ww)	想	xiǎng
doden (ww)	杀死	shā sǐ

| doen (ww) | 做 | zuò |
| dorst hebben (ww) | 渴 | kě |

14. De belangrijkste werkwoorden. Deel 2

een hint geven	暗示	àn shì
eisen (met klem vragen)	要求	yāo qiú
existeren (bestaan)	存在	cún zài
gaan (te voet)	走	zǒu

gaan zitten (ww)	坐下	zuò xia
gaan zwemmen	去游泳	qù yóu yǒng
geven (ww)	给	gěi
glimlachen (ww)	微笑	wēi xiào
goed raden (ww)	猜中	cāi zhòng

| grappen maken (ww) | 开玩笑 | kāi wán xiào |
| graven (ww) | 挖 | wā |

hebben (ww)	有	yǒu
helpen (ww)	帮助	bāng zhù
herhalen (opnieuw zeggen)	重复	chóng fù
honger hebben (ww)	饿	è
hopen (ww)	希望	xī wàng
horen (waarnemen met het oor)	听见	tīng jiàn
huilen (wenen)	哭	kū
huren (huis, kamer)	租房	zū fáng
informeren (informatie geven)	通知	tōng zhī

instemmen (akkoord gaan)	同意	tóng yì
jagen (ww)	打猎	dǎ liè
kennen (kennis hebben van iemand)	认识	rèn shi
kiezen (ww)	选	xuǎn
klagen (ww)	抱怨	bào yuàn

kosten (ww)	价钱为	jià qian wèi
kunnen (ww)	能	néng
lachen (ww)	笑	xiào
laten vallen (ww)	掉	diào
lezen (ww)	读	dú

liefhebben (ww)	爱	ài
lunchen (ww)	吃午饭	chī wǔ fàn
nemen (ww)	拿	ná
nodig zijn (ww)	需要	xū yào

15. De belangrijkste werkwoorden. Deel 3

| onderschatten (ww) | 轻视 | qīng shì |
| ondertekenen (ww) | 签名 | qiān míng |

ontbijten (ww)	吃早饭	chī zǎo fàn
openen (ww)	开	kāi
ophouden (ww)	停止	tíng zhǐ
opmerken (zien)	注意到	zhù yì dào

opscheppen (ww)	自夸	zì kuā
opschrijven (ww)	记录	jì lù
plannen (ww)	计划	jì huà
prefereren (verkiezen)	宁愿	nìng yuàn
proberen (trachten)	试图	shì tú
redden (ww)	救出	jiù chū

rekenen op …	指望	zhǐ wàng
rennen (ww)	跑	pǎo
reserveren (een hotelkamer ~)	预订	yù dìng
roepen (om hulp)	呼	hū
schieten (ww)	射击	shè jī
schreeuwen (ww)	叫喊	jiào hǎn

schrijven (ww)	写	xiě
souperen (ww)	吃晚饭	chī wǎn fàn
spelen (kinderen)	玩	wán
spreken (ww)	说	shuō
stelen (ww)	偷窃	tōu qiè
stoppen (pauzeren)	停	tíng

studeren (Nederlands ~)	学习	xué xí
sturen (zenden)	寄	jì
tellen (optellen)	计算	jì suàn
toebehoren …	属于	shǔ yú
toestaan (ww)	允许	yǔn xǔ
tonen (ww)	展示	zhǎn shì

twijfelen (onzeker zijn)	怀疑	huái yí
uitgaan (ww)	走出去	zǒu chū qù
uitnodigen (ww)	邀请	yāo qǐng
uitspreken (ww)	发音	fā yīn
uitvaren tegen (ww)	责骂	zé mà

16. De belangrijkste werkwoorden. Deel 4

vallen (ww)	跌倒	diē dǎo
vangen (ww)	抓住	zhuā zhù
veranderen (anders maken)	改变	gǎi biàn
verbaasd zijn (ww)	吃惊	chī jīng
verbergen (ww)	藏	cáng

verdedigen (je land ~)	保卫	bǎo wèi
verenigen (ww)	联合	lián hé
vergelijken (ww)	比较	bǐ jiào
vergeten (ww)	忘	wàng
vergeven (ww)	原谅	yuán liàng
verklaren (uitleggen)	说明	shuō míng

verkopen (per stuk ~)	卖	mài
vermelden (praten over)	提到	tí dào
versieren (decoreren)	装饰	zhuāng shì
vertalen (ww)	翻译	fān yì
vertrouwen (ww)	信任	xìn rèn
vervolgen (ww)	继续	jì xù
verwarren (met elkaar ~)	混淆	hùn xiáo
verzoeken (ww)	请求	qǐng qiú
verzuimen (school, enz.)	错过	cuò guò
vinden (ww)	找到	zhǎo dào
vliegen (ww)	飞	fēi
volgen (ww)	跟随	gēn suí
voorstellen (ww)	提议	tí yì
voorzien (verwachten)	预见	yù jiàn
vragen (ww)	问	wèn
waarnemen (ww)	观察	guān chá
waarschuwen (ww)	警告	jǐng gào
wachten (ww)	等	děng
weerspreken (ww)	反对	fǎn duì
weigeren (ww)	拒绝	jù jué
werken (ww)	工作	gōng zuò
weten (ww)	知道	zhī dào
willen (verlangen)	想, 想要	xiǎng, xiǎng yào
zeggen (ww)	说	shuō
zich haasten (ww)	赶紧	gǎn jǐn
zich interesseren voor ...	对 … 感兴趣	duì ... gǎn xìng qù
zich vergissen (ww)	犯错	fàn cuò
zich verontschuldigen	道歉	dào qiàn
zien (ww)	见, 看见	jiàn, kàn jiàn
zijn (ww)	当	dāng
zoeken (ww)	寻找	xún zhǎo
zwemmen (ww)	游泳	yóuyǒng
zwijgen (ww)	沉默	chén mò

TIJD. KALENDER

17. Dagen van de week

maandag (de)	星期一	xīng qī yī
dinsdag (de)	星期二	xīng qī èr
woensdag (de)	星期三	xīng qī sān
donderdag (de)	星期四	xīng qī sì
vrijdag (de)	星期五	xīng qī wǔ
zaterdag (de)	星期六	xīng qī liù
zondag (de)	星期天	xīng qī tiān
vandaag (bw)	今天	jīn tiān
morgen (bw)	明天	míng tiān
overmorgen (bw)	后天	hòu tiān
gisteren (bw)	昨天	zuó tiān
eergisteren (bw)	前天	qián tiān
dag (de)	白天	bái tiān
werkdag (de)	工作日	gōng zuò rì
feestdag (de)	节日	jié rì
verlofdag (de)	休假日	xiū jià rì
weekend (het)	周末	zhōu mò
de hele dag (bw)	一整天	yī zhěng tiān
de volgende dag (bw)	次日	cì rì
twee dagen geleden	两天前	liǎng tiān qián
aan de vooravond (bw)	前一天	qián yī tiān
dag-, dagelijks (bn)	每天的	měi tiān de
elke dag (bw)	每天地	měi tiān de
week (de)	星期	xīng qī
vorige week (bw)	上星期	shàng xīng qī
volgende week (bw)	次周	cì zhōu
wekelijks (bn)	每周的	měi zhōu de
elke week (bw)	每周	měi zhōu
twee keer per week	一周两次	yīzhōu liǎngcì
elke dinsdag	每个星期二	měi gè xīng qī èr

18. Uren. Dag en nacht

morgen (de)	早晨	zǎo chén
's morgens (bw)	在上午	zài shàng wǔ
middag (de)	中午	zhōng wǔ
's middags (bw)	在下午	zài xià wǔ
avond (de)	晚间	wǎn jiān
's avonds (bw)	在晚上	zài wǎn shang

nacht (de)	夜晚	yè wǎn
's nachts (bw)	夜间	yè jiān
middernacht (de)	午夜	wǔ yè

seconde (de)	秒	miǎo
minuut (de)	分钟	fēn zhōng
uur (het)	小时	xiǎo shí
halfuur (het)	半小时	bàn xiǎo shí
kwartier (het)	一刻钟	yī kè zhōng
vijftien minuten	十五分钟	shíwǔ fēn zhōng
etmaal (het)	昼夜	zhòuyè

zonsopgang (de)	日出	rì chū
dageraad (de)	黎明	lí míng
vroege morgen (de)	清晨	qīng chén
zonsondergang (de)	日落	rì luò

's morgens vroeg (bw)	一大早地	yī dà zǎo de
vanmorgen (bw)	今天早上	jīntiān zǎo shang
morgenochtend (bw)	明天早上	míngtiān zǎo shang

vanmiddag (bw)	今天下午	jīntiān xià wǔ
's middags (bw)	在下午	zài xià wǔ
morgenmiddag (bw)	明天下午	míngtiān xià wǔ

| vanavond (bw) | 今晚 | jīn wǎn |
| morgenavond (bw) | 明天晚上 | míngtiān wǎn shang |

ongeveer vier uur	快到四点钟了	kuài dào sì diǎnzhōng le
tegen twaalf uur	十二点钟	shí èr diǎnzhōng
over twintig minuten	二十分钟 以后	èrshí fēnzhōng yǐhòu
over een uur	在一个小时	zài yī gè xiǎo shí
op tijd (bw)	按时	àn shí

kwart voor ...	差一刻	chà yī kè
binnen een uur	一小时内	yī xiǎo shí nèi
elk kwartier	每个十五分钟	měi gè shíwǔ fēnzhōng
de klok rond	日夜	rì yè

19. Maanden. Seizoenen

januari (de)	一月	yī yuè
februari (de)	二月	èr yuè
maart (de)	三月	sān yuè
april (de)	四月	sì yuè
mei (de)	五月	wǔ yuè
juni (de)	六月	liù yuè

juli (de)	七月	qī yuè
augustus (de)	八月	bā yuè
september (de)	九月	jiǔ yuè
oktober (de)	十月	shí yuè
november (de)	十一月	shí yī yuè
december (de)	十二月	shí èr yuè

lente (de)	春季，春天	chūn jì
in de lente (bw)	在春季	zài chūn jì
lente- (abn)	春天的	chūn tiān de
zomer (de)	夏天	xià tiān
in de zomer (bw)	在夏天	zài xià tiān
zomer-, zomers (bn)	夏天的	xià tiān de
herfst (de)	秋天	qiū tiān
in de herfst (bw)	在秋季	zài qiū jì
herfst- (abn)	秋天的	qiū tiān de
winter (de)	冬天	dōng tiān
in de winter (bw)	在冬季	zài dōng jì
winter- (abn)	冬天的	dōng tiān de
maand (de)	月，月份	yuè, yuèfèn
deze maand (bw)	本月	běn yuè
volgende maand (bw)	次月	cì yuè
vorige maand (bw)	上个月	shàng gè yuè
een maand geleden (bw)	一个月前	yī gè yuè qián
over een maand (bw)	在一个月	zài yī gè yuè
over twee maanden (bw)	过两个月	guò liǎng gè yuè
de hele maand (bw)	整个月	zhěnggè yuè
een volle maand (bw)	整个月	zhěnggè yuè
maand-, maandelijks (bn)	每月的	měi yuè de
maandelijks (bw)	每月	měi yuè
elke maand (bw)	每月	měi yuè
twee keer per maand	一个月两次	yī gè yuè liǎngcì
jaar (het)	年	nián
dit jaar (bw)	今年，本年度	jīn nián, běn nián dù
volgend jaar (bw)	次年	cì nián
vorig jaar (bw)	去年	qù nián
een jaar geleden (bw)	一年前	yī nián qián
over een jaar	在一年	zài yī nián
over twee jaar	过两年	guò liǎng nián
het hele jaar	一整年	yī zhěng nián
een vol jaar	表示一整年	biǎo shì yī zhěng nián
elk jaar	每年	měi nián
jaar-, jaarlijks (bn)	每年的	měi nián de
jaarlijks (bw)	每年	měi nián
4 keer per jaar	一年四次	yī nián sì cì
datum (de)	日期	rìqī
datum (de)	日期	rìqī
kalender (de)	日历	rìlì
een half jaar	半年	bàn nián
zes maanden	半年	bàn nián
seizoen (bijv. lente, zomer)	季节	jì jié
eeuw (de)	世纪	shì jì

REIZEN. HOTEL

20. Trip. Reizen

toerisme (het)	旅游	lǚ yóu
toerist (de)	旅行者	lǚ xíng zhě
reis (de)	旅行	lǚ xíng
avontuur (het)	冒险	mào xiǎn
tocht (de)	旅行	lǚ xíng
vakantie (de)	休假	xiū jià
met vakantie zijn	放假	fàng jià
rust (de)	休息	xiū xi
trein (de)	火车	huǒ chē
met de trein	乘火车	chéng huǒchē
vliegtuig (het)	飞机	fēijī
met het vliegtuig	乘飞机	chéng fēijī
met de auto	乘汽车	chéng qìchē
per schip (bw)	乘船	chéng chuán
bagage (de)	行李	xíng li
valies (de)	手提箱	shǒu tí xiāng
bagagekarretje (het)	行李车	xíng li chē
paspoort (het)	护照	hù zhào
visum (het)	签证	qiān zhèng
kaartje (het)	票	piào
vliegticket (het)	飞机票	fēijī piào
reisgids (de)	旅行指南	lǚ xíng zhǐ nán
kaart (de)	地图	dì tú
gebied (landelijk ~)	地方	dì fang
plaats (de)	地方	dì fang
exotische bestemming (de)	尖蕊鸢尾	jiān ruǐ yuān wěi
exotisch (bn)	外来的	wài lái de
verwonderlijk (bn)	惊人的	jīng rén de
groep (de)	组	zǔ
rondleiding (de)	游览	yóu lǎn
gids (de)	导游	dǎo yóu

21. Hotel

hotel (het)	酒店	jiǔ diàn
motel (het)	汽车旅馆	qì chē lǚ guǎn
3-sterren	三星级	sān xīng jí

5-sterren	五星级	wǔ xīng jí
overnachten (ww)	暂住	zàn zhù
kamer (de)	房间	fáng jiān
eenpersoonskamer (de)	单人间	dān rén jiān
tweepersoonskamer (de)	双人间	shuāng rén jiān
een kamer reserveren	订房间	dìng fáng jiān
halfpension (het)	半膳宿	bàn shàn sù
volpension (het)	全食宿	quán shí sù
met badkamer	带洗澡间	dài xǐ zǎo jiān
met douche	带有淋浴	dài yǒu lín yù
satelliet-tv (de)	卫星电视	wèixīng diànshì
airconditioner (de)	空调	kōng tiáo
handdoek (de)	毛巾，浴巾	máo jīn, yù jīn
sleutel (de)	钥匙	yào shi
administrateur (de)	管理者	guǎn lǐ zhě
kamermeisje (het)	女服务员	nǚ fú wù yuán
piccolo (de)	行李生	xíng li shēng
portier (de)	看门人	kān mén rén
restaurant (het)	饭馆	fàn guǎn
bar (de)	酒吧	jiǔ bā
ontbijt (het)	早饭	zǎo fàn
avondeten (het)	晚餐	wǎn cān
buffet (het)	自助餐	zì zhù cān
hal (de)	大厅	dà tīng
lift (de)	电梯	diàn tī
NIET STOREN	请勿打扰	qǐng wù dǎ rǎo
VERBODEN TE ROKEN!	禁止吸烟	jìnzhǐ xīyān

22. Bezienswaardigheden

monument (het)	纪念像	jì niàn xiàng
vesting (de)	堡垒	bǎo lěi
paleis (het)	宫殿	gōng diàn
kasteel (het)	城堡	chéng bǎo
toren (de)	塔	tǎ
mausoleum (het)	陵墓	líng mù
architectuur (de)	建筑	jiàn zhù
middeleeuws (bn)	中世纪的	zhōng shì jì de
oud (bn)	古老的	gǔ lǎo de
nationaal (bn)	国家，国民	guó jiā, guó mín
bekend (bn)	有名的	yǒu míng de
toerist (de)	旅行者	lǚ xíng zhě
gids (de)	导游	dǎo yóu
rondleiding (de)	游览	yóu lǎn
tonen (ww)	把 … 给 … 看	bǎ … gěi … kàn

vertellen (ww)	讲	jiǎng
vinden (ww)	找到	zhǎo dào
verdwalen (de weg kwijt zijn)	迷路	mí lù
plattegrond (~ van de metro)	地图	dì tú
plattegrond (~ van de stad)	地图	dì tú
souvenir (het)	纪念品	jì niàn pǐn
souvenirwinkel (de)	礼品店	lǐ pǐn diàn
een foto maken (ww)	拍照	pāi zhào
zich laten fotograferen	拍照	pāi zhào

VERVOER

23. Vliegveld

luchthaven (de)	机场	jī chǎng
vliegtuig (het)	飞机	fēijī
luchtvaartmaatschappij (de)	航空公司	hángkōng gōngsī
luchtverkeersleider (de)	调度员	diào dù yuán
vertrek (het)	出发	chū fā
aankomst (de)	到达	dào dá
aankomen (per vliegtuig)	到达	dào dá
vertrektijd (de)	起飞时间	qǐ fēi shíjiān
aankomstuur (het)	到达时间	dào dá shíjiān
vertraagd zijn (ww)	晚点	wǎn diǎn
vluchtvertraging (de)	班机晚点	bān jī wǎn diǎn
informatiebord (het)	航班信息板	háng bān xìn xī bǎn
informatie (de)	信息	xìn xī
aankondigen (ww)	通知	tōng zhī
vlucht (bijv. KLM ~)	航班，班机	háng bān, bān jī
douane (de)	海关	hǎi guān
douanier (de)	海关人员	hǎi guān rényuán
douaneaangifte (de)	报关单	bào guān dān
een douaneaangifte invullen	填报关单	tián bào guān dān
paspoortcontrole (de)	护照检查	hùzhào jiǎnchá
bagage (de)	行李	xíng li
handbagage (de)	手提行李	shǒu tí xíng li
Gevonden voorwerpen	失物招领	shī wù zhāo lǐng
bagagekarretje (het)	行李车	xíng li chē
landing (de)	着陆	zhuó lù
landingsbaan (de)	跑道	pǎo dào
landen (ww)	着陆	zhuó lù
vliegtuigtrap (de)	舷梯	xián tī
inchecken (het)	办理登机	bàn lǐ dēng jī
incheckbalie (de)	办理登机手续处	bàn lǐ dēng jī shǒu xù chù
inchecken (ww)	登记	dēng jì
instapkaart (de)	登机牌	dēng jī pái
gate (de)	登机口	dēng jī kǒu
transit (de)	中转	zhōng zhuǎn
wachten (ww)	等候	děng hòu
wachtzaal (de)	出发大厅	chū fā dà tīng

| begeleiden (uitwuiven) | 送别 | sòng bié |
| afscheid nemen (ww) | 说再见 | shuō zài jiàn |

24. Vliegtuig

vliegtuig (het)	飞机	fēijī
vliegticket (het)	飞机票	fēijī piào
luchtvaartmaatschappij (de)	航空公司	hángkōng gōngsī
luchthaven (de)	机场	jī chǎng
supersonisch (bn)	超音速的	chāo yīn sù de

gezagvoerder (de)	机长	jī zhǎng
bemanning (de)	机组	jī zǔ
piloot (de)	飞行员	fēi xíng yuán
stewardess (de)	空姐	kōng jiě
stuurman (de)	领航员	lǐng háng yuán

vleugels (mv.)	机翼	jī yì
staart (de)	机尾	jī wěi
cabine (de)	座舱	zuò cāng
motor (de)	发动机	fā dòng jī
landingsgestel (het)	起落架	qǐ luò jià
turbine (de)	涡轮	wō lún
propeller (de)	螺旋桨	luó xuán jiǎng
zwarte doos (de)	黑匣子	hēi xiá zi
stuur (het)	飞机驾驶盘	fēijī jiàshǐpán
brandstof (de)	燃料	rán liào

veiligheidskaart (de)	指南	zhǐ nán
zuurstofmasker (het)	氧气面具	yǎngqì miànjù
uniform (het)	制服	zhì fú
reddingsvest (de)	救生衣	jiù shēng yī
parachute (de)	降落伞	jiàng luò sǎn
opstijgen (het)	起飞	qǐ fēi
opstijgen (ww)	起飞	qǐ fēi
startbaan (de)	跑道	pǎo dào

zicht (het)	可见度	kě jiàn dù
vlucht (de)	飞行	fēi xíng
hoogte (de)	高度	gāo dù
luchtzak (de)	气潭	qì tán

plaats (de)	座位	zuò wèi
koptelefoon (de)	耳机	ěr jī
tafeltje (het)	折叠托盘	zhé dié tuō pán
venster (het)	舷窗，机窗	xián chuāng, jī chuāng
gangpad (het)	过道	guò dào

25. Trein

| trein (de) | 火车 | huǒ chē |
| elektrische trein (de) | 电动火车 | diàndòng huǒ chē |

sneltrein (de)	快车	kuài chē
diesellocomotief (de)	内燃机车	nèiránjī chē
locomotief (de)	蒸汽机车	zhēngqìjī chē
rijtuig (het)	铁路客车	tiě lù kè chē
restauratierijtuig (het)	餐车	cān chē
rails (mv.)	铁轨	tiě guǐ
spoorweg (de)	铁路	tiě lù
dwarsligger (de)	枕木	zhěn mù
perron (het)	月台	yuè tái
spoor (het)	月台	yuè tái
semafoor (de)	臂板信号机	bìbǎn xìnhào jī
halte (bijv. kleine treinhalte)	火车站	huǒ chē zhàn
machinist (de)	火车司机	huǒ chē sī jī
kruier (de)	搬运工	bān yùn gōng
conducteur (de)	列车员	liè chē yuán
passagier (de)	乘客	chéng kè
controleur (de)	列车员	liè chē yuán
gang (in een trein)	走廊	zǒu láng
noodrem (de)	紧急制动器	jǐn jí zhì dòng qì
coupé (de)	包房	bāo fáng
bed (slaapplaats)	卧铺	wò pù
bovenste bed (het)	上铺	shàng pù
onderste bed (het)	下铺	xià pù
beddengoed (het)	被单	bèi dān
kaartje (het)	票	piào
dienstregeling (de)	列车时刻表	lièchē shíkèbiǎo
informatiebord (het)	时刻表	shí kè biǎo
vertrekken (De trein vertrekt ...)	离开	lí kāi
vertrek (ov. een trein)	发车	fā chē
aankomen (ov. de treinen)	到达	dào dá
aankomst (de)	到达	dào dá
aankomen per trein	乘坐火车抵达	chéngzuò huǒchē dǐdá
in de trein stappen	上车	shàng chē
uit de trein stappen	下车	xià chē
locomotief (de)	蒸汽机车	zhēngqìjī chē
stoker (de)	添煤工	tiān méi gōng
stookplaats (de)	火箱	huǒ xiāng
steenkool (de)	煤炭	méi tàn

26. Schip

schip (het)	大船	dà chuán
vaartuig (het)	船	chuán

stoomboot (de)	汽船	qì chuán
motorschip (het)	江轮	jiāng lún
lijnschip (het)	远洋班轮	yuǎn yáng bān lún
kruiser (de)	巡洋舰	xún yáng jiàn
jacht (het)	快艇	kuài tǐng
sleepboot (de)	拖轮	tuō lún
duwbak (de)	驳船	bó chuán
ferryboot (de)	渡轮，渡船	dù lún, dù chuán
zeilboot (de)	帆船	fān chuán
brigantijn (de)	双桅帆船	shuāng wéi fān chuán
IJsbreker (de)	破冰船	pò bīng chuán
duikboot (de)	潜水艇	qián shuǐ tǐng
boot (de)	小船	xiǎo chuán
sloep (de)	小艇	xiǎo tǐng
reddingssloep (de)	救生艇	jiù shēng tǐng
motorboot (de)	汽艇	qì tǐng
kapitein (de)	船长，舰长	chuán zhǎng, jiàn zhǎng
zeeman (de)	水手	shuǐ shǒu
matroos (de)	海员	hǎi yuán
bemanning (de)	船员	chuán yuán
bootsman (de)	水手长	shuǐ shǒu zhǎng
scheepsjongen (de)	小水手	xiǎo shuǐ shǒu
kok (de)	船上厨师	chuánshàng chúshī
scheepsarts (de)	随船医生	suí chuán yī shēng
dek (het)	甲板	jiǎ bǎn
mast (de)	桅	wéi
zeil (het)	帆	fān
ruim (het)	货舱	huò cāng
voorsteven (de)	船头	chuán tóu
achtersteven (de)	船尾	chuán wěi
roeispaan (de)	桨	jiǎng
schroef (de)	螺旋桨	luó xuán jiǎng
kajuit (de)	小舱	xiǎo cāng
officierskamer (de)	旅客休息室	lǚkè xiū xī shì
machinekamer (de)	轮机舱	lún jī cāng
brug (de)	舰桥	jiàn qiáo
radiokamer (de)	无线电室	wú xiàn diàn shì
radiogolf (de)	波	bō
logboek (het)	航海日志	háng hǎi rì zhì
verrekijker (de)	单筒望远镜	dān tǒng wàng yuǎn jìng
klok (de)	钟	zhōng
vlag (de)	旗	qí
kabel (de)	缆绳	lǎn shéng
knoop (de)	结	jié
trapleuning (de)	栏杆	lán gān

trap (de)	舷梯	xián tī
anker (het)	锚	máo
het anker lichten	起锚	qǐ máo
het anker neerlaten	抛锚	pāo máo
ankerketting (de)	锚链	máo liàn
haven (bijv. containerhaven)	港市	gǎng shì
kaai (de)	码头	mǎ tóu
aanleggen (ww)	系泊	jì bó
wegvaren (ww)	启航	qǐ háng
reis (de)	旅行	lǚ xíng
cruise (de)	航游	háng yóu
koers (de)	航向	háng xiàng
route (de)	航线	háng xiàn
vaarwater (het)	水路	shuǐ lù
zandbank (de)	浅水	qiǎn shuǐ
stranden (ww)	搁浅	gē qiǎn
storm (de)	风暴	fēng bào
signaal (het)	信号	xìn hào
zinken (ov. een boot)	沉没	chén mò
SOS (noodsignaal)	求救信号	qiú jiù xìn hào
reddingsboei (de)	救生圈	jiù shēng quān

STAD

27. Stedelijk vervoer

bus, autobus (de)	公共汽车	gōnggòng qìchē
tram (de)	电车	diànchē
trolleybus (de)	无轨电车	wúguǐ diànchē
route (de)	路线	lù xiàn
nummer (busnummer, enz.)	号	hào
rijden met ...	··· 去	... qù
stappen (in de bus ~)	上车	shàng chē
afstappen (ww)	下车	xià chē
halte (de)	车站	chē zhàn
volgende halte (de)	下一站	xià yī zhàn
eindpunt (het)	终点站	zhōng diǎn zhàn
dienstregeling (de)	时刻表	shí kè biǎo
wachten (ww)	等	děng
kaartje (het)	票	piào
reiskosten (de)	票价	piào jià
kassier (de)	出纳	chū nà
kaartcontrole (de)	查验车票	chá yàn chē piào
controleur (de)	售票员	shòu piào yuán
te laat zijn (ww)	误点	wù diǎn
missen (de bus ~)	未赶上	wèi gǎn shàng
zich haasten (ww)	急忙	jí máng
taxi (de)	出租车	chūzūchē
taxichauffeur (de)	出租车司机	chūzūchē sī jī
met de taxi (bw)	乘出租车	chéng chūzūchē
taxistandplaats (de)	出租车站	chūzūchē zhàn
een taxi bestellen	叫计程车	jiào jì chéng chē
een taxi nemen	乘出租车	chéng chūzūchē
verkeer (het)	交通	jiāo tōng
file (de)	堵车	dǔ chē
spitsuur (het)	高峰 时间	gāo fēng shí jiān
parkeren (on.ww.)	停放	tíng fàng
parkeren (ov.ww.)	停放	tíng fàng
parking (de)	停车场	tíng chē cháng
metro (de)	地铁	dì tiě
halte (bijv. kleine treinhalte)	站	zhàn
de metro nemen	坐地铁	zuò dì tiě
trein (de)	火车	huǒ chē
station (treinstation)	火车站	huǒ chē zhàn

28. Stad. Het leven in de stad

stad (de)	城市	chéng shì
hoofdstad (de)	首都	shǒu dū
dorp (het)	村庄	cūn zhuāng
plattegrond (de)	城市地图	chéng shì dìtú
centrum (ov. een stad)	城市中心	chéng shì zhōngxīn
voorstad (de)	郊区	jiāo qū
voorstads- (abn)	郊区的	jiāo qū de
randgemeente (de)	郊区	jiāo qū
omgeving (de)	周围地区	zhōuwéi dì qū
blok (huizenblok)	街区	jiē qū
woonwijk (de)	住宅区	zhù zhái qū
verkeer (het)	交通	jiāo tōng
verkeerslicht (het)	红绿灯	hóng lǜ dēng
openbaar vervoer (het)	公共交通	gōng gòng jiāo tōng
kruispunt (het)	十字路口	shí zì lù kǒu
zebrapad (oversteekplaats)	人行横道	rén xíng héng dào
onderdoorgang (de)	人行地道	rén xíng dìdào
oversteken (de straat ~)	穿马路	chuān mǎ lù
voetganger (de)	行人	xíng rén
trottoir (het)	人行道	rén xíng dào
brug (de)	桥	qiáo
dijk (de)	堤岸	dī àn
fontein (de)	喷泉	pēn quán
allee (de)	小巷	xiǎo xiàng
park (het)	公园	gōng yuán
boulevard (de)	林荫大道	lín yìn dàdào
plein (het)	广场	guǎng chǎng
laan (de)	大街	dàjiē
straat (de)	路	lù
zijstraat (de)	胡同	hú tòng
doodlopende straat (de)	死胡同	sǐ hú tòng
huis (het)	房子	fáng zi
gebouw (het)	楼房，大厦	lóufáng, dàshà
wolkenkrabber (de)	摩天大楼	mó tiān dà lóu
gevel (de)	正面	zhèng miàn
dak (het)	房顶	fáng dǐng
venster (het)	窗户	chuāng hu
boog (de)	拱门	gǒng mén
pilaar (de)	柱	zhù
hoek (ov. een gebouw)	拐角	guǎi jiǎo
vitrine (de)	商店橱窗	shāng diàn chú chuāng
gevelreclame (de)	招牌	zhāo pái
affiche (de/het)	海报	hǎi bào
reclameposter (de)	广告画	guǎnggào huà

aanplakbord (het)	广告牌	guǎnggào pái
vuilnis (de/het)	垃圾	lā jī
vuilnisbak (de)	垃圾桶	lā jī tǒng
afval weggooien (ww)	乱扔	luàn rēng
stortplaats (de)	垃圾堆	lājī duī
telefooncel (de)	电话亭	diàn huà tíng
straatlicht (het)	路灯	lù dēng
bank (de)	长椅	chángyǐ
politieagent (de)	警察	jǐng chá
politie (de)	警察	jǐng chá
zwerver (de)	乞丐	qǐgài

29. Stedelijke instellingen

winkel (de)	商店	shāng diàn
apotheek (de)	药房	yào fáng
optiek (de)	眼镜店	yǎn jìng diàn
winkelcentrum (het)	百货商店	bǎihuò shāngdiàn
supermarkt (de)	超市	chāo shì
bakkerij (de)	面包店	miànbāo diàn
bakker (de)	面包师	miànbāo shī
banketbakkerij (de)	糖果店	tángguǒ diàn
slagerij (de)	肉铺	ròu pù
groentewinkel (de)	水果店	shuǐ guǒ diàn
markt (de)	市场	shì chǎng
koffiehuis (het)	咖啡馆	kāfēi guǎn
restaurant (het)	饭馆	fàn guǎn
bar (de)	酒吧	jiǔ bā
pizzeria (de)	比萨饼店	bǐ sà bǐng diàn
kapperssalon (de/het)	理发店	lǐ fà diàn
postkantoor (het)	邮局	yóu jú
stomerij (de)	干洗店	gān xǐ diàn
fotostudio (de)	照相馆	zhào xiàng guǎn
schoenwinkel (de)	鞋店	xié diàn
boekhandel (de)	书店	shū diàn
sportwinkel (de)	体育用品店	tǐ yù yòng pǐn diàn
kledingreparatie (de)	修衣服店	xiū yī fu diàn
kledingverhuur (de)	服装出租	fú zhuāng chū zū
videotheek (de)	DVD出租店	diwidi chūzūdiàn
circus (de/het)	马戏团	mǎ xì tuán
dierentuin (de)	动物园	dòng wù yuán
bioscoop (de)	电影院	diànyǐng yuàn
museum (het)	博物馆	bó wù guǎn
bibliotheek (de)	图书馆	tú shū guǎn
theater (het)	剧院	jù yuàn

opera (de)	歌剧院	gē jù yuàn
nachtclub (de)	夜总会	yè zǒng huì
casino (het)	赌场	dǔ chǎng

moskee (de)	清真寺	qīng zhēn sì
synagoge (de)	犹太教堂	yóu tài jiào táng
kathedraal (de)	大教堂	dà jiào táng
tempel (de)	庙宇，教堂	miào yǔ, jiào táng
kerk (de)	教堂	jiào táng

instituut (het)	学院	xué yuàn
universiteit (de)	大学	dà xué
school (de)	学校	xué xiào

stadhuis (het)	市政厅	shì zhèng tīng
hotel (het)	酒店	jiǔ diàn
bank (de)	银行	yín háng

ambassade (de)	大使馆	dà shǐ guǎn
reisbureau (het)	旅行社	lǚ xíng shè
informatieloket (het)	问询处	wèn xún chù
wisselkantoor (het)	货币兑换处	huòbì duì huàn chù

| metro (de) | 地铁 | dì tiě |
| ziekenhuis (het) | 医院 | yī yuàn |

| benzinestation (het) | 加油站 | jiā yóu zhàn |
| parking (de) | 停车场 | tíng chē cháng |

30. Borden

gevelreclame (de)	招牌	zhāo pái
opschrift (het)	题词	tí cí
poster (de)	宣传画	xuān chuán huà
wegwijzer (de)	指路标志	zhǐ lù biāo zhì
pijl (de)	箭头	jiàn tóu

waarschuwing (verwittiging)	警告	jǐng gào
waarschuwingsbord (het)	警告	jǐng gào
waarschuwen (ww)	警告	jǐng gào

vrije dag (de)	休假日	xiū jià rì
dienstregeling (de)	时刻表	shí kè biǎo
openingsuren (mv.)	营业时间	yíng yè shí jiān

WELKOM!	欢迎光临	huān yíng guāng lín
INGANG	入口	rù kǒu
UITGANG	出口	chū kǒu

DUWEN	推	tuī
TREKKEN	拉	lā
OPEN	开门	kāi mén
GESLOTEN	关门	guān mén
DAMES	女洗手间	nǚ xǐshǒujiān

HEREN	男洗手间	nán xǐshǒujiān
KORTING	折扣	zhé kòu
UITVERKOOP	销售	xiāoshòu
NIEUW!	新品!	xīnpǐn!
GRATIS	免费	miǎn fèi

PAS OP!	请注意	qǐng zhù yì
VOLGEBOEKT	客满	kè mǎn
GERESERVEERD	留座	liú zuò

| ADMINISTRATIE | 高层管理者 | gāocéng guǎnlǐ zhě |
| ALLEEN VOOR PERSONEEL | 仅限员工通行 | jǐn xiàn yuángōng tōngxíng |

GEVAARLIJKE HOND	当心狗!	dāng xīn gǒu!
VERBODEN TE ROKEN!	禁止吸烟	jìnzhǐ xīyān
NIET AANRAKEN!	禁止触摸	jìn zhǐ chù mō

GEVAARLIJK	危险	wēi xiǎn
GEVAAR	危险	wēi xiǎn
HOOGSPANNING	高压危险	gāo yā wēi xiǎn
VERBODEN TE ZWEMMEN	禁止游泳	jìnzhǐ yóuyǒng
BUITEN GEBRUIK	故障中	gù zhàng zhōng

ONTVLAMBAAR	易燃物质	yì rán wù zhì
VERBODEN	禁止	jìn zhǐ
DOORGANG VERBODEN	禁止通行	jìnzhǐ tōng xíng
OPGELET PAS GEVERFD	油漆未干	yóu qī wèi gān

31. Winkelen

kopen (ww)	买，购买	mǎi, gòu mǎi
aankoop (de)	购买	gòu mǎi
winkelen (ww)	去买东西	qù mǎi dōng xi
winkelen (het)	购物	gòu wù

| open zijn (ov. een winkel, enz.) | 营业 | yíng yè |
| gesloten zijn (ww) | 关门 | guān mén |

schoeisel (het)	鞋类	xié lèi
kleren (mv.)	服装	fú zhuāng
cosmetica (de)	化妆品	huà zhuāng pǐn
voedingswaren (mv.)	食品	shí pǐn
geschenk (het)	礼物	lǐ wù

| verkoper (de) | 售货员 | shòu huò yuán |
| verkoopster (de) | 女售货员 | nǔ shòuhuò yuán |

kassa (de)	收银台	shōu yín tái
spiegel (de)	镜子	jìng zi
toonbank (de)	柜台	guì tái
paskamer (de)	试衣间	shì yī jiān
aanpassen (ww)	试穿	shì chuān

passen (ov. kleren)	合适	hé shì
bevallen (prettig vinden)	喜欢	xǐ huan
prijs (de)	价格	jià gé
prijskaartje (het)	价格标签	jià gé biāo qiān
kosten (ww)	价钱为	jià qian wèi
Hoeveel?	多少钱?	duōshao qián?
korting (de)	折扣	zhé kòu
niet duur (bn)	不贵的	bù guì de
goedkoop (bn)	便宜的	pián yi de
duur (bn)	贵的	guì de
Dat is duur.	这个太贵	zhège tàiguì
verhuur (de)	出租	chū zū
huren (smoking, enz.)	租用	zū yòng
krediet (het)	赊购	shē gòu
op krediet (bw)	赊欠	shē qiàn

KLEDING EN ACCESSOIRES

32. Bovenkleding. Jassen

kleren (mv.), kleding (de)	服装	fú zhuāng
bovenkleding (de)	外衣, 上衣	wài yī, shàng yī
winterkleding (de)	寒衣	hán yī
jas (de)	大衣	dà yī
bontjas (de)	皮大衣	pí dà yī
bontjasje (het)	皮草短外套	pí cǎo duǎn wài tào
donzen jas (de)	羽绒服	yǔ róng fú
jasje (bijv. een leren ~)	茄克衫	jiā kè shān
regenjas (de)	雨衣	yǔ yī
waterdicht (bn)	不透水的	bù tòu shuǐ de

33. Heren & dames kleding

overhemd (het)	衬衫	chèn shān
broek (de)	裤子	kù zi
jeans (de)	牛仔裤	niú zǎi kù
colbert (de)	西服上衣	xī fú shàng yī
kostuum (het)	套装	tào zhuāng
jurk (de)	连衣裙	lián yī qún
rok (de)	裙子	qún zi
blouse (de)	女衬衫	nǚ chèn shān
wollen vest (de)	针织毛衣	zhēn zhī máo yī
blazer (kort jasje)	茄克衫	jiā kè shān
T-shirt (het)	T恤	T xù
shorts (mv.)	短裤	duǎn kù
trainingspak (het)	运动服	yùn dòng fú
badjas (de)	浴衣	yù yī
pyjama (de)	睡衣	shuì yī
sweater (de)	毛衣	máo yī
pullover (de)	套头衫	tào tóu shān
gilet (het)	马甲	mǎ jiǎ
rokkostuum (het)	燕尾服	yàn wěi fú
smoking (de)	无尾礼服	wú wěi lǐ fú
uniform (het)	制服	zhì fú
werkkleding (de)	工作服	gōng zuò fú
overall (de)	连体服	lián tǐ fú
doktersjas (de)	医师服	yī shī fú

34. Kleding. Ondergoed

ondergoed (het)	内衣	nèi yī
onderhemd (het)	汗衫	hàn shān
sokken (mv.)	短袜	duǎn wà
nachthemd (het)	睡衣	shuì yī
beha (de)	乳罩	rǔ zhào
kniekousen (mv.)	膝上袜	xī shàng wà
panty (de)	连裤袜	lián kù wà
nylonkousen (mv.)	长筒袜	cháng tǒng wà
badpak (het)	游泳衣	yóu yǒng yī

35. Hoofddeksels

hoed (de)	帽子	mào zi
deukhoed (de)	礼帽	lǐ mào
honkbalpet (de)	棒球帽	bàng qiú mào
kleppet (de)	鸭舌帽	yā shé mào
baret (de)	贝雷帽	bèi léi mào
kap (de)	风帽	fēng mào
panamahoed (de)	巴拿马草帽	bānámǎ cǎo mào
gebreide muts (de)	针织帽	zhēn zhī mào
hoofddoek (de)	头巾	tóujīn
dameshoed (de)	女式帽	nǚshì mào
veiligheidshelm (de)	安全帽	ān quán mào
veldmuts (de)	船形帽	chuán xíng mào
helm, valhelm (de)	头盔	tóu kuī
bolhoed (de)	圆顶礼帽	yuán dǐng lǐ mào
hoge hoed (de)	大礼帽	dà lǐ mào

36. Schoeisel

schoeisel (het)	鞋类	xié lèi
schoenen (mv.)	短靴	duǎn xuē
vrouwenschoenen (mv.)	翼尖鞋	yì jiān xié
laarzen (mv.)	靴子	xuē zi
pantoffels (mv.)	拖鞋	tuō xié
sportschoenen (mv.)	运动鞋	yùndòng xié
sneakers (mv.)	胶底运动鞋	jiāodǐ yùndòng xié
sandalen (mv.)	凉鞋	liáng xié
schoenlapper (de)	鞋匠	xié jiàng
hiel (de)	鞋后跟	xié hòu gēn
paar (een ~ schoenen)	一双	yī shuāng
veter (de)	鞋带	xié dài

rijgen (schoenen ~)	系鞋带	jì xié dài
schoenlepel (de)	鞋拔	xié bá
schoensmeer (de/het)	鞋油	xié yóu

37. Persoonlijke accessoires

handschoenen (mv.)	手套	shǒu tào
wanten (mv.)	连指手套	lián zhǐ shǒu tào
sjaal (fleece ~)	围巾	wéi jīn

bril (de)	眼镜	yǎn jìng
brilmontuur (het)	眼镜框	yǎn jìng kuàng
paraplu (de)	雨伞	yǔ sǎn
wandelstok (de)	手杖	shǒu zhàng
haarborstel (de)	梳子	shū zi
waaier (de)	扇子	shàn zi

das (de)	领带	lǐng dài
strikje (het)	领结	lǐng jié
bretels (mv.)	吊裤带	diào kù dài
zakdoek (de)	手帕	shǒu pà

kam (de)	梳子	shū zi
haarspeldje (het)	发夹	fà jiā
schuifspeldje (het)	发针	fà zhēn
gesp (de)	皮带扣	pí dài kòu

| broekriem (de) | 腰带 | yāo dài |
| draagriem (de) | 肩带 | jiān dài |

handtas (de)	包	bāo
damestas (de)	女手提包	nǚ shǒutí bāo
rugzak (de)	背包	bēi bāo

38. Kleding. Diversen

mode (de)	时装	shí zhuāng
de mode (bn)	正在流行	zhèng zài liú xíng
kledingstilist (de)	时装设计师	shízhuāng shèjìshī

kraag (de)	衣领，领子	yī lǐng, lǐng zi
zak (de)	口袋	kǒu dài
zak- (abn)	口袋的	kǒu dài de
mouw (de)	袖子	xiù zi
lusje (het)	挂衣环	guà yī huán
gulp (de)	前开口	qián kāi kǒu

rits (de)	拉链	lā liàn
sluiting (de)	扣子	kòu zi
knoop (de)	纽扣	niǔ kòu
knoopsgat (het)	纽扣孔	niǔ kòu kǒng
losraken (bijv. knopen)	掉	diào

naaien (kleren, enz.)	缝纫	féng rèn
borduren (ww)	绣	xiù
borduursel (het)	绣花	xiù huā
naald (de)	针	zhēn
draad (de)	线	xiàn
naad (de)	线缝	xiàn féng

vies worden (ww)	弄脏	nòng zāng
vlek (de)	污点，污迹	wū diǎn, wū jì
gekreukt raken (ov. kleren)	起皱	qǐ zhòu
scheuren (ov.ww.)	扯破	chě pò
mot (de)	衣蛾	yī é

39. Persoonlijke verzorging. Schoonheidsmiddelen

tandpasta (de)	牙膏	yá gāo
tandenborstel (de)	牙刷	yá shuā
tanden poetsen (ww)	刷牙	shuā yá

scheermes (het)	剃须刀	tì xū dāo
scheerschuim (het)	剃须膏	tì xū gāo
zich scheren (ww)	刮脸	guā liǎn

| zeep (de) | 肥皂 | féi zào |
| shampoo (de) | 洗发液 | xǐ fā yè |

schaar (de)	剪子，剪刀	jiǎn zi, jiǎndāo
nagelvijl (de)	指甲锉	zhǐ jia cuò
nagelknipper (de)	指甲钳	zhǐ jia qián
pincet (het)	镊子	niè zi

cosmetica (de)	化妆品	huà zhuāng pǐn
masker (het)	面膜	miàn mó
manicure (de)	美甲	měi jiǎ
manicure doen	修指甲	xiū zhǐ jia
pedicure (de)	足部护理	zú bù hù lǐ

cosmetica tasje (het)	化妆包	huà zhuāng bāo
poeder (de/het)	粉	fěn
poederdoos (de)	粉盒	fěn hé
rouge (de)	胭脂	yān zhī

parfum (de/het)	香水	xiāng shuǐ
eau de toilet (de)	香水	xiāng shuǐ
lotion (de)	润肤液	rùn fū yè
eau de cologne (de)	古龙水	gǔ lóng shuǐ

oogschaduw (de)	眼影	yǎn yǐng
oogpotlood (het)	眼线笔	yǎn xiàn bǐ
mascara (de)	睫毛膏	jié máo gāo

lippenstift (de)	口红	kǒu hóng
nagellak (de)	指甲油	zhǐjia yóu
haarlak (de)	喷雾发胶	pēn wù fà jiāo

deodorant (de)	除臭剂	chú chòu jì
crème (de)	护肤霜	hù fū shuāng
gezichtscrème (de)	面霜	miàn shuāng
handcrème (de)	护手霜	hù shǒu shuāng
antirimpelcrème (de)	抗皱霜	kàng zhòu shuāng
dag- (abn)	白天的	bái tiān de
nacht- (abn)	夜间的	yè jiān de
tampon (de)	卫生棉条	wèi shēng mián tiáo
toiletpapier (het)	卫生纸	wèi shēng zhǐ
föhn (de)	吹风机	chuī fēng jī

40. Horloges. Klokken

polshorloge (het)	手表	shǒu biǎo
wijzerplaat (de)	钟面	zhōng miàn
wijzer (de)	指针	zhǐ zhēn
metalen horlogeband (de)	手表链	shǒu biǎo liàn
horlogebandje (het)	表带	biǎo dài
batterij (de)	电池	diàn chí
leeg zijn (ww)	没电	méi diàn
batterij vervangen	换电池	huàn diàn chí
voorlopen (ww)	快	kuài
achterlopen (ww)	慢	màn
wandklok (de)	挂钟	guà zhōng
zandloper (de)	沙漏	shā lòu
zonnewijzer (de)	日规	rì guī
wekker (de)	闹钟	nào zhōng
horlogemaker (de)	钟表匠	zhōng biǎo jiàng
repareren (ww)	修理	xiū lǐ

ALLEDAAGSE ERVARING

41. Geld

geld (het)	钱，货币	qián, huòbì
ruil (de)	兑换	duì huàn
koers (de)	汇率	huì lǜ
geldautomaat (de)	自动取款机	zì dòng qǔ kuǎn jī
muntstuk (de)	硬币	yìngbì
dollar (de)	美元	měi yuán
euro (de)	欧元	ōu yuán
lire (de)	里拉	lǐ lā
Duitse mark (de)	德国马克	dé guó mǎ kè
frank (de)	法郎	fǎ láng
pond sterling (het)	英镑	yīng bàng
yen (de)	日元	rì yuán
schuld (geldbedrag)	债务	zhài wù
schuldenaar (de)	债务人	zhài wù rén
uitlenen (ww)	借给	jiè gěi
lenen (geld ~)	借	jiè
bank (de)	银行	yín háng
bankrekening (de)	账户	zhànghù
op rekening storten	存款	cún kuǎn
opnemen (ww)	提取	tí qǔ
kredietkaart (de)	信用卡	xìn yòng kǎ
baar geld (het)	现金	xiàn jīn
cheque (de)	支票	zhī piào
een cheque uitschrijven	开支票	kāi zhī piào
chequeboekje (het)	支票本	zhīpiào běn
portefeuille (de)	钱包	qián bāo
geldbeugel (de)	零钱包	líng qián bāo
portemonnee (de)	钱夹	qián jiā
safe (de)	保险柜	bǎo xiǎn guì
erfgenaam (de)	继承人	jì chéng rén
erfenis (de)	遗产	yí chǎn
fortuin (het)	财产，财富	cáichǎn, cáifù
huur (de)	租赁	zū lìn
huurprijs (de)	租金	zū jīn
huren (huis, kamer)	租房	zū fáng
prijs (de)	价格	jià gé
kostprijs (de)	价钱	jià qian

som (de)	金额	jīn é
uitgeven (geld besteden)	花	huā
kosten (mv.)	花费	huā fèi
bezuinigen (ww)	节省	jié shěng
zuinig (bn)	节约的	jié yuē de
betalen (ww)	付，支付	fù, zhī fù
betaling (de)	酬金	chóu jīn
wisselgeld (het)	零钱	líng qián
belasting (de)	税，税款	shuì, shuì kuǎn
boete (de)	罚款	fá kuǎn
beboeten (bekeuren)	罚款	fá kuǎn

42. Post. Postkantoor

postkantoor (het)	邮局	yóu jú
post (de)	邮件	yóu jiàn
postbode (de)	邮递员	yóu dì yuán
openingsuren (mv.)	营业时间	yíng yè shí jiān
brief (de)	信，信函	xìn, xìn hán
aangetekende brief (de)	挂号信	guà hào xìn
briefkaart (de)	明信片	míng xìn piàn
telegram (het)	电报	diàn bào
postpakket (het)	包裹，邮包	bāo guǒ, yóu bāo
overschrijving (de)	汇款资讯	huì kuǎn zī xùn
ontvangen (ww)	收到	shōu dào
sturen (zenden)	寄	jì
verzending (de)	发信	fā xìn
adres (het)	地址	dì zhǐ
postcode (de)	邮编	yóu biān
verzender (de)	发信人	fā xìn rén
ontvanger (de)	收信人	shōu xìn rén
naam (de)	名字	míng zi
achternaam (de)	姓	xìng
tarief (het)	费率	fèi lǜ
standaard (bn)	普通	pǔ tōng
zuinig (bn)	经济的	jīng jì de
gewicht (het)	重量	zhòng liàng
afwegen (op de weegschaal)	称重	chēng zhòng
envelop (de)	信封	xìn fēng
postzegel (de)	邮票	yóu piào

43. Bankieren

bank (de)	银行	yín háng
bankfiliaal (het)	分支机构	fēn zhī jī gòu

| bankbediende (de) | 顾问 | gù wèn |
| manager (de) | 主管人 | zhǔ guǎn rén |

bankrekening (de)	账户	zhànghù
rekeningnummer (het)	账号	zhàng hào
lopende rekening (de)	活期帐户	huó qī zhànghù
spaarrekening (de)	储蓄账户	chǔ xù zhànghù

een rekening openen	开立账户	kāilì zhànghù
de rekening sluiten	关闭 帐户	guān bì zhànghù
op rekening storten	存入帐户	cúnrù zhànghù
opnemen (ww)	提取	tí qǔ

storting (de)	存款	cún kuǎn
een storting maken	存款	cún kuǎn
overschrijving (de)	汇款	huì kuǎn
een overschrijving maken	汇款	huì kuǎn

| som (de) | 金额 | jīn é |
| Hoeveel? | 多少钱? | duōshao qián? |

| handtekening (de) | 签名 | qiān míng |
| ondertekenen (ww) | 签名 | qiān míng |

kredietkaart (de)	信用卡	xìn yòng kǎ
code (de)	密码	mì mǎ
kredietkaartnummer (het)	信用卡号码	xìn yòng kǎ hào mǎ
geldautomaat (de)	自动取款机	zì dòng qǔ kuǎn jī

cheque (de)	支票	zhī piào
een cheque uitschrijven	开支票	kāi zhī piào
chequeboekje (het)	支票本	zhīpiào běn

lening, krediet (de)	贷款	dàikuǎn
een lening aanvragen	借款	jiè kuǎn
een lening nemen	取得贷款	qǔ dé dàikuǎn
een lening verlenen	贷款给 …	dàikuǎn gěi …
garantie (de)	保证	bǎo zhèng

44. Telefoon. Telefoongesprek

telefoon (de)	电话	diàn huà
mobieltje (het)	手机	shǒu jī
antwoordapparaat (het)	答录机	dā lù jī

| bellen (ww) | 打电话 | dǎ diàn huà |
| belletje (telefoontje) | 电话 | diàn huà |

een nummer draaien	拨号码	bō hào mǎ
Hallo!	喂!	wèi!
vragen (ww)	问	wèn
antwoorden (ww)	接电话	jiē diàn huà
horen (ww)	听见	tīng jiàn
goed (bw)	好	hǎo

| slecht (bw) | 不好 | bù hǎo |
| storingen (mv.) | 干扰声 | gān rǎo shēng |

hoorn (de)	听筒	tīng tǒng
opnemen (ww)	接听	jiē tīng
ophangen (ww)	挂断	guà duàn

bezet (bn)	占线的	zhàn xiàn de
overgaan (ww)	响	xiǎng
telefoonboek (het)	电话薄	diàn huà bù

lokaal (bn)	本地的	běn dì de
interlokaal (bn)	长途	cháng tú
buitenlands (bn)	国际的	guó jì de

45. Mobiele telefoon

mobieltje (het)	手机	shǒu jī
scherm (het)	显示器	xiǎn shì qì
toets, knop (de)	按钮	àn niǔ
simkaart (de)	SIM 卡	sim kǎ

batterij (de)	电池	diàn chí
leeg zijn (ww)	没电	méi diàn
acculader (de)	充电器	chōng diàn qì

menu (het)	菜单	cài dān
instellingen (mv.)	设置	shè zhì
melodie (beltoon)	曲调	qǔ diào
selecteren (ww)	挑选	tiāo xuǎn

rekenmachine (de)	计算器	jì suàn qì
voicemail (de)	答录机	dā lù jī
wekker (de)	闹钟	nào zhōng
contacten (mv.)	电话薄	diàn huà bù

| SMS-bericht (het) | 短信 | duǎn xìn |
| abonnee (de) | 用户 | yòng hù |

46. Schrijfbehoeften

| balpen (de) | 圆珠笔 | yuán zhū bǐ |
| vulpen (de) | 钢笔 | gāng bǐ |

potlood (het)	铅笔	qiān bǐ
marker (de)	荧光笔	yíng guāng bǐ
viltstift (de)	水彩笔	shuǐ cǎi bǐ

notitieboekje (het)	记事簿	jì shì bù
agenda (boekje)	日记本	rì jì běn
liniaal (de/het)	直尺	zhí chǐ
rekenmachine (de)	计算器	jì suàn qì

gom (de)	橡皮擦	xiàng pí cā
punaise (de)	图钉	tú dīng
paperclip (de)	回形针	huí xíng zhēn
lijm (de)	胶水	jiāo shuǐ
nietmachine (de)	钉书机	dīng shū jī
perforator (de)	打孔机	dǎ kǒng jī
potloodslijper (de)	卷笔刀	juǎn bǐ dāo

47. Vreemde talen

taal (de)	语言	yǔ yán
vreemde taal (de)	外语	wài yǔ
leren (bijv. van buiten ~)	学习	xué xí
studeren (Nederlands ~)	学，学习	xué, xué xí
lezen (ww)	读	dú
spreken (ww)	说	shuō
begrijpen (ww)	明白	míng bai
schrijven (ww)	写	xiě
snel (bw)	快	kuài
langzaam (bw)	慢慢地	màn màn de
vloeiend (bw)	流利	liú lì
regels (mv.)	规则	guī zé
grammatica (de)	语法	yǔ fǎ
vocabulaire (het)	词汇	cí huì
fonetiek (de)	语音学	yǔ yīn xué
leerboek (het)	课本	kè běn
woordenboek (het)	词典	cí diǎn
leerboek (het) voor zelfstudie	自学的书	zì xué de shū
taalgids (de)	短语手册	duǎn yǔ shǒu cè
cassette (de)	磁带	cí dài
videocassette (de)	录像带	lù xiàng dài
CD (de)	光盘	guāng pán
DVD (de)	数字影碟	shù zì yǐng dié
alfabet (het)	字母表	zì mǔ biǎo
spellen (ww)	拼写	pīn xiě
uitspraak (de)	发音	fā yīn
accent (het)	口音	kǒu yin
met een accent (bw)	带口音	dài kǒu yin
zonder accent (bw)	没有口音	méiyǒu kǒuyin
woord (het)	字，单词	zì, dāncí
betekenis (de)	意义	yì yì
cursus (de)	讲座	jiǎng zuò
zich inschrijven (ww)	报名	bào míng
leraar (de)	老师	lǎo shī

vertaling (een ~ maken)	翻译	fān yì
vertaling (tekst)	翻译	fān yì
vertaler (de)	翻译，译者	fān yì, yì zhě
tolk (de)	口译者	kǒu yì zhě
geheugen (het)	记忆力	jì yì lì

MAALTIJDEN. RESTAURANT

48. Tafelschikking

lepel (de)	勺子	sháo zi
mes (het)	刀, 刀子	dāo, dāo zi
vork (de)	叉, 餐叉	chā, cān chā
kopje (het)	杯子	bēi zi
bord (het)	盘子	pán zi
schoteltje (het)	碟子	dié zi
servet (het)	餐巾	cān jīn
tandenstoker (de)	牙签	yá qiān

49. Restaurant

restaurant (het)	饭馆	fàn guǎn
koffiehuis (het)	咖啡馆	kāfēi guǎn
bar (de)	酒吧	jiǔ bā
tearoom (de)	茶馆	chá guǎn
kelner, ober (de)	服务员	fú wù yuán
serveerster (de)	女服务员	nǚ fú wù yuán
barman (de)	酒保	jiǔ bǎo
menu (het)	菜单	cài dān
wijnkaart (de)	酒单	jiǔ dān
een tafel reserveren	订桌子	dìng zhuō zi
gerecht (het)	菜	cài
bestellen (eten ~)	订菜	dìng cài
een bestelling maken	订菜	dìng cài
aperitief (de/het)	开胃酒	kāi wèi jiǔ
voorgerecht (het)	开胃菜	kāi wèi cài
dessert (het)	甜点心	tián diǎn xīn
rekening (de)	账单	zhàng dān
de rekening betalen	付账	fù zhàng
wisselgeld teruggeven	找零钱	zhǎo líng qián
fooi (de)	小费	xiǎo fèi

50. Maaltijden

eten (het)	食物	shí wù
eten (ww)	吃	chī

ontbijt (het)	早饭	zǎo fàn
ontbijten (ww)	吃早饭	chī zǎo fàn
lunch (de)	午饭	wǔ fàn
lunchen (ww)	吃午饭	chī wǔ fàn
avondeten (het)	晚餐	wǎn cān
souperen (ww)	吃晚饭	chī wǎn fàn
eetlust (de)	胃口	wèi kǒu
Eet smakelijk!	请慢用!	qǐng màn yòng!
openen (een fles ~)	打开	dǎ kāi
morsen (koffie, enz.)	洒出	sǎ chū
zijn gemorst	洒出	sǎ chū
koken (water kookt bij 100°C)	煮开	zhǔ kāi
koken (Hoe om water te ~)	烧开	shāo kāi
gekookt (~ water)	煮开过的	zhǔ kāi guò de
afkoelen (koeler maken)	变凉	biàn liáng
afkoelen (koeler worden)	变凉	biàn liáng
smaak (de)	味道	wèi dào
nasmaak (de)	回味，余味	huí wèi, yú wèi
volgen een dieet	减肥	jiǎn féi
dieet (het)	日常饮食	rì cháng yǐn shí
vitamine (de)	维生素	wéi shēng sù
calorie (de)	卡路里	kǎlùlǐ
vegetariër (de)	素食者	sù shí zhě
vegetarisch (bn)	素的	sù de
vetten (mv.)	脂肪	zhī fáng
eiwitten (mv.)	蛋白质	dàn bái zhì
koolhydraten (mv.)	碳水化合物	tàn shuǐ huà hé wù
snede (de)	一片	yī piàn
stuk (bijv. een ~ taart)	一块	yī kuài
kruimel (de)	面包屑	miàn bāo xiè

51. Bereide gerechten

gerecht (het)	菜	cài
keuken (bijv. Franse ~)	菜肴	cài yáo
recept (het)	烹饪法	pēng rèn fǎ
portie (de)	一份	yī fèn
salade (de)	沙拉	shā lā
soep (de)	汤	tāng
bouillon (de)	清汤	qīng tāng
boterham (de)	三明治	sān míng zhì
spiegelei (het)	煎蛋	jiān dàn
hamburger (de)	肉饼	ròu bǐng
hamburger (de)	汉堡	hàn bǎo
biefstuk (de)	牛排	niú pái

hutspot (de)	烤肉	kǎo ròu
garnering (de)	配菜	pèi cài
spaghetti (de)	意大利面条	yì dà lì miàn tiáo
aardappelpuree (de)	土豆泥	tǔ dòu ní
pizza (de)	比萨饼	bǐ sà bǐng
pap (de)	麦片粥	mài piàn zhōu
omelet (de)	鸡蛋饼	jīdàn bǐng
gekookt (in water)	煮熟的	zhǔ shóu de
gerookt (bn)	熏烤的	xūn kǎo de
gebakken (bn)	油煎的	yóu jiān de
gedroogd (bn)	干的	gān de
diepvries (bn)	冷冻的	lěng dòng de
gemarineerd (bn)	醋渍的	cù zì de
zoet (bn)	甜的	tián de
gezouten (bn)	咸的	xián de
koud (bn)	冷的	lěng de
heet (bn)	烫的	tàng de
bitter (bn)	苦的	kǔ de
lekker (bn)	美味的	měi wèi de
koken (in kokend water)	做饭	zuò fàn
bereiden (avondmaaltijd ~)	做饭	zuò fàn
bakken (ww)	油煎	yóu jiān
opwarmen (ww)	加热	jiā rè
zouten (ww)	加盐	jiā yán
peperen (ww)	加胡椒	jiā hú jiāo
raspen (ww)	磨碎	mò suì
schil (de)	皮	pí
schillen (ww)	剥皮	bāo pí

52. Voedsel

vlees (het)	肉	ròu
kip (de)	鸡肉	jī ròu
kuiken (het)	小鸡	xiǎo jī
eend (de)	鸭子	yā zi
gans (de)	鹅肉	é ròu
wild (het)	猎物	liè wù
kalkoen (de)	火鸡	huǒ jī
varkensvlees (het)	猪肉	zhū ròu
kalfsvlees (het)	小牛肉	xiǎo niú ròu
schapenvlees (het)	羊肉	yáng ròu
rundvlees (het)	牛肉	niú ròu
konijnenvlees (het)	兔肉	tù ròu
worst (de)	香肠	xiāng cháng
saucijs (de)	小灌肠	xiǎo guàn cháng
spek (het)	腊肉	là ròu
ham (de)	火腿	huǒ tuǐ
gerookte achterham (de)	熏火腿	xūn huǒ tuǐ

paté, pastei (de)	鹅肝酱	é gān jiàng
lever (de)	肝	gān
varkensvet (het)	猪油	zhū yóu
gehakt (het)	碎牛肉	suì niú ròu
tong (de)	口条	kǒu tiáo
ei (het)	鸡蛋	jī dàn
eieren (mv.)	鸡蛋	jī dàn
eiwit (het)	蛋白	dàn bái
eigeel (het)	蛋黄	dàn huáng
vis (de)	鱼	yú
zeevruchten (mv.)	海鲜	hǎi xiān
kaviaar (de)	鱼子酱	yúzǐ jiàng
krab (de)	螃蟹	páng xiè
garnaal (de)	虾，小虾	xiā, xiǎo xiā
oester (de)	牡蛎	mǔ lì
langoest (de)	龙虾	lóng xiā
octopus (de)	章鱼	zhāng yú
inktvis (de)	鱿鱼	yóu yú
steur (de)	鲟鱼	xú nyú
zalm (de)	鲑鱼	guī yú
heilbot (de)	比目鱼	bǐ mù yú
kabeljauw (de)	鳕鱼	xuě yú
makreel (de)	鲭鱼	qīng yú
tonijn (de)	金枪鱼	jīn qiāng yú
paling (de)	鳗鱼，鳝鱼	mán yú, shàn yú
forel (de)	鳟鱼	zūn yú
sardine (de)	沙丁鱼	shā dīng yú
snoek (de)	狗鱼	gǒu yú
haring (de)	鲱鱼	fēi yú
brood (het)	面包	miàn bāo
kaas (de)	奶酪	nǎi lào
suiker (de)	糖	táng
zout (het)	盐，食盐	yán, shí yán
rijst (de)	米	mǐ
pasta (de)	通心粉	tōng xīn fěn
noedels (mv.)	面条	miàn tiáo
boter (de)	黄油	huáng yóu
plantaardige olie (de)	植物油	zhí wù yóu
zonnebloemolie (de)	向日葵油	xiàng rì kuí yóu
margarine (de)	人造奶油	rénzào nǎi yóu
olijven (mv.)	橄榄	gǎn lǎn
olijfolie (de)	橄榄油	gǎn lǎn yóu
melk (de)	牛奶	niú nǎi
gecondenseerde melk (de)	炼乳	liàn rǔ
yoghurt (de)	酸奶	suān nǎi

zure room (de)	酸奶油	suān nǎi yóu
room (de)	奶油	nǎi yóu
mayonaise (de)	蛋黄酱	dàn huáng jiàng
crème (de)	乳脂	rǔ zhī
graan (het)	谷粒	gǔ lì
meel (het), bloem (de)	面粉	miàn fěn
conserven (mv.)	罐头食品	guàn tou shí pǐn
maïsvlokken (mv.)	玉米片	yù mǐ piàn
honing (de)	蜂蜜	fēng mì
jam (de)	果冻	guǒ dòng
kauwgom (de)	口香糖	kǒu xiāng táng

53. Drankjes

water (het)	水	shuǐ
drinkwater (het)	饮用水	yǐn yòng shuǐ
mineraalwater (het)	矿泉水	kuàng quán shuǐ
zonder gas	无气的	wú qì de
koolzuurhoudend (bn)	苏打 ···	sū dá …
bruisend (bn)	汽水	qì shuǐ
IJs (het)	冰	bīng
met ijs	加冰的	jiā bīng de
alcohol vrij (bn)	不含酒精的	bu hán jiǔ jīng de
alcohol vrije drank (de)	软性饮料	ruǎn xìng yǐn liào
frisdrank (de)	清凉饮料	qīng liáng yǐn liào
limonade (de)	柠檬水	níng méng shuǐ
alcoholische dranken (mv.)	烈酒	liè jiǔ
likeur (de)	甜酒	tián jiǔ
champagne (de)	香槟	xiāng bīn
vermout (de)	苦艾酒	kǔ ài jiǔ
whisky (de)	威士忌酒	wēi shì jì jiǔ
wodka (de)	伏特加	fú tè jiā
gin (de)	杜松子酒	dù sōng zǐ jiǔ
cognac (de)	法国白兰地	fǎguó báilándì
rum (de)	朗姆酒	lǎng mǔ jiǔ
koffie (de)	咖啡	kāfēi
zwarte koffie (de)	黑咖啡	hēi kāfēi
koffie (de) met melk	加牛奶的咖啡	jiāniúnǎide kāfēi
cappuccino (de)	卡布奇诺	kǎ bù jī nuò
oploskoffie (de)	速溶咖啡	sùróng kāfēi
melk (de)	牛奶	niú nǎi
cocktail (de)	鸡尾酒	jī wěi jiǔ
milkshake (de)	奶昔	nǎi xī
sap (het)	果汁	guǒzhī
tomatensap (het)	番茄汁	fān qié zhī

| sinaasappelsap (het) | 橙子汁 | chéng zi zhī |
| vers geperst sap (het) | 新鲜果汁 | xīnxiān guǒzhī |

bier (het)	啤酒	píjiǔ
licht bier (het)	淡啤酒	dàn píjiǔ
donker bier (het)	黑啤酒	hēi píjiǔ

thee (de)	茶	chá
zwarte thee (de)	红茶	hóng chá
groene thee (de)	绿茶	lǜ chá

54. Groenten

| groenten (mv.) | 蔬菜 | shū cài |
| verse kruiden (mv.) | 青菜 | qīng cài |

tomaat (de)	西红柿	xī hóng shì
augurk (de)	黄瓜	huáng guā
wortel (de)	胡萝卜	hú luó bo
aardappel (de)	土豆	tǔ dòu
ui (de)	洋葱	yáng cōng
knoflook (de)	大蒜	dà suàn

kool (de)	洋白菜	yáng bái cài
bloemkool (de)	菜花	cài huā
spruitkool (de)	球芽甘蓝	qiú yá gān lán
broccoli (de)	西蓝花	xī lán huā
rode biet (de)	甜菜	tiáncài
aubergine (de)	茄子	qié zi
courgette (de)	西葫芦	xī hú lu
pompoen (de)	南瓜	nán guā
raap (de)	蔓菁	mán jing

peterselie (de)	欧芹	ōu qín
dille (de)	莳萝	shì luó
sla (de)	生菜，莴苣	shēng cài, wō jù
selderij (de)	芹菜	qín cài
asperge (de)	芦笋	lú sǔn
spinazie (de)	菠菜	bō cài
erwt (de)	豌豆	wān dòu
bonen (mv.)	豆子	dòu zi
maïs (de)	玉米	yù mǐ
boon (de)	四季豆	sì jì dòu

peper (de)	胡椒，辣椒	hú jiāo, là jiāo
radijs (de)	水萝卜	shuǐ luó bo
artisjok (de)	朝鲜蓟	cháo xiǎn jì

55. Vruchten. Noten

| vrucht (de) | 水果 | shuǐ guǒ |
| appel (de) | 苹果 | píng guǒ |

peer (de)	梨	lí
citroen (de)	柠檬	níng méng
sinaasappel (de)	橙子	chén zi
aardbei (de)	草莓	cǎo méi

mandarijn (de)	橘子	jú zi
pruim (de)	李子	lǐ zi
perzik (de)	桃子	táo zi
abrikoos (de)	杏子	xìng zi
framboos (de)	覆盆子	fù pén zi
ananas (de)	菠萝	bō luó

banaan (de)	香蕉	xiāng jiāo
watermeloen (de)	西瓜	xī guā
druif (de)	葡萄	pú tao
zure kers (de)	樱桃	yīngtáo
zoete kers (de)	欧洲甜樱桃	oūzhōu tián yīngtáo
meloen (de)	瓜，甜瓜	guā, tián guā

grapefruit (de)	葡萄柚	pú tao yòu
avocado (de)	鳄梨	è lí
papaja (de)	木瓜	mù guā
mango (de)	芒果	máng guǒ
granaatappel (de)	石榴	shí liú

rode bes (de)	红醋栗	hóng cù lì
zwarte bes (de)	黑醋栗	hēi cù lì
kruisbes (de)	醋栗	cù lì
bosbes (de)	越橘	yuè jú
braambes (de)	黑莓	hei méi

rozijn (de)	葡萄干	pútao gān
vijg (de)	无花果	wú huā guǒ
dadel (de)	海枣	hǎi zǎo

pinda (de)	花生	huā shēng
amandel (de)	杏仁	xìng rén
walnoot (de)	核桃	hé tao
hazelnoot (de)	榛子	zhēn zi
kokosnoot (de)	椰子	yē zi
pistaches (mv.)	开心果	kāi xīn guǒ

56. Brood. Snoep

suikerbakkerij (de)	油酥面饼	yóu sū miàn bǐng
brood (het)	面包	miàn bāo
koekje (het)	饼干	bǐng gān

chocolade (de)	巧克力	qiǎo kè lì
chocolade- (abn)	巧克力的	qiǎo kè lì de
snoepje (het)	糖果	táng guǒ
cakeje (het)	小蛋糕	xiǎo dàngāo
taart (bijv. verjaardags~)	蛋糕	dàngāo
pastei (de)	大馅饼	dà xiàn bǐng

vulling (de)	馅	xiàn
confituur (de)	果酱	guǒ jiàng
marmelade (de)	酸果酱	suān guǒ jiàng
wafel (de)	华夫饼干	huá fū bǐng gān
IJsje (het)	冰淇淋	bīng qí lín

57. Kruiden

zout (het)	盐，食盐	yán, shí yán
gezouten (bn)	含盐的	hán yán de
zouten (ww)	加盐	jiā yán
zwarte peper (de)	黑胡椒	hēi hú jiāo
rode peper (de)	红辣椒粉	hóng là jiāo fěn
mosterd (de)	芥末	jiè mo
mierikswortel (de)	辣根汁	là gēn zhī
condiment (het)	调味品	diào wèi pǐn
specerij , kruiderij (de)	香料	xiāng liào
saus (de)	调味汁	tiáo wèi zhī
azijn (de)	醋	cù
anijs (de)	茴芹	huí qín
basilicum (de)	罗勒	luó lè
kruidnagel (de)	丁香	dīng xiāng
gember (de)	姜	jiāng
koriander (de)	芫荽	yuán suī
kaneel (de/het)	肉桂	ròu guì
sesamzaad (het)	芝麻	zhī ma
laurierblad (het)	月桂叶	yuè guì yè
paprika (de)	红甜椒粉	hóng tián jiāo fěn
komijn (de)	葛缕子	gélǚ zi
saffraan (de)	番红花	fān hóng huā

PERSOONLIJKE INFORMATIE. FAMILIE

58. Persoonlijke informatie. Formulieren

naam (de)	名字	míng zi
achternaam (de)	姓	xìng
geboortedatum (de)	出生日期	chū shēng rì qī
geboorteplaats (de)	出生地	chū shēng dì
nationaliteit (de)	国籍	guó jí
woonplaats (de)	住所地	zhù suǒ dì
land (het)	国家	guó jiā
beroep (het)	职业	zhí yè
geslacht (ov. het vrouwelijk ~)	性，性别	xìng, xìngbié
lengte (de)	身高	shēn gāo
gewicht (het)	重量	zhòng liàng

59. Familieleden. Verwanten

moeder (de)	母亲	mù qīn
vader (de)	父亲	fù qīn
zoon (de)	儿子	ér zi
dochter (de)	女儿	nǚ ér
jongste dochter (de)	最小的女儿	zuìxiǎode nǚ ér
jongste zoon (de)	最小的儿子	zuìxiǎode ér zi
oudste dochter (de)	最大的女儿	zuìdàde nǚér
oudste zoon (de)	最大的儿子	zuìdàde ér zi
oudere broer (de)	哥哥	gēge
jongere broer (de)	弟弟	dìdi
oudere zuster (de)	姐姐	jiějie
neef (zoon van oom/tante)	堂兄弟，表兄弟	tángxiōngdì, biǎoxiōngdì
nicht (dochter van oom/tante)	堂姊妹，表姊妹	tángzǐmèi, biǎozǐmèi
mama (de)	妈妈	mā ma
papa (de)	爸爸	bàba
ouders (mv.)	父母	fù mǔ
kind (het)	孩子	hái zi
kinderen (mv.)	孩子们	hái zi men
oma (de)	姥姥	lǎo lao
opa (de)	爷爷	yé ye
kleinzoon (de)	孙子	sūn zi
kleindochter (de)	孙女	sūn nǚ
kleinkinderen (mv.)	孙子们	sūn zi men

oom (de)	姑爹	gū diē
tante (de)	姑妈	gū mā
neef (zoon van broer/zus)	侄子	zhí zi
nicht (dochter van broer/zus)	侄女	zhí nǚ
schoonmoeder (de)	岳母	yuè mǔ
schoonvader (de)	公公	gōng gong
schoonzoon (de)	女婿	nǚ xu
stiefmoeder (de)	继母	jì mǔ
stiefvader (de)	继父	jì fù
zuigeling (de)	婴儿	yīng ér
wiegenkind (het)	婴儿	yīng ér
kleuter (de)	小孩	xiǎo hái
vrouw (de)	妻子	qī zi
man (de)	老公	lǎo gōng
echtgenoot (de)	配偶	pèi ǒu
echtgenote (de)	配偶	pèi ǒu
gehuwd (mann.)	结婚的	jié hūn de
gehuwd (vrouw.)	结婚的	jié hūn de
ongehuwd (mann.)	独身的	dú shēn de
vrijgezel (de)	单身汉	dān shēn hàn
gescheiden (bn)	离婚的	lí hūn de
weduwe (de)	寡妇	guǎ fu
weduwnaar (de)	鳏夫	guān fū
familielid (het)	亲戚	qīn qi
dichte familielid (het)	近亲	jìn qīn
verre familielid (het)	远亲	yuǎn qīn
familieleden (mv.)	亲属	qīn shǔ
wees (de), weeskind (het)	孤儿	gū ér
voogd (de)	监护人	jiān hù rén
adopteren (een jongen te ~)	收养	shōu yǎng
adopteren (een meisje te ~)	收养	shōu yǎng

60. Vrienden. Collega's

vriend (de)	朋友	péngyou
vriendin (de)	女性朋友	nǚxìng péngyou
vriendschap (de)	友谊	yǒu yì
bevriend zijn (ww)	交朋友	jiāo péngyou
makker (de)	朋友	péngyou
vriendin (de)	朋友	péngyou
partner (de)	搭档	dā dàng
chef (de)	老板	lǎo bǎn
eigenaar (de)	物主	wù zhǔ
ondergeschikte (de)	下属	xià shǔ
collega (de)	同事	tóng shì
kennis (de)	熟人	shú rén

| medereiziger (de) | 旅伴 | lǚ bàn |
| klasgenoot (de) | 同学 | tóng xué |

buurman (de)	邻居	lín jū
buurvrouw (de)	邻居	lín jū
buren (mv.)	邻居们	lín jū men

MENSELIJK LICHAAM. GENEESKUNDE

61. Hoofd

hoofd (het)	头	tóu
gezicht (het)	脸，面孔	liǎn, miàn kǒng
neus (de)	鼻子	bí zi
mond (de)	口，嘴	kǒu, zuǐ
oog (het)	眼	yǎn
ogen (mv.)	眼睛	yǎn jing
pupil (de)	瞳孔	tóng kǒng
wenkbrauw (de)	眉毛	méi mao
wimper (de)	睫毛	jié máo
ooglid (het)	眼皮	yǎn pí
tong (de)	舌，舌头	shé, shé tou
tand (de)	牙，牙齿	yá, yá chǐ
lippen (mv.)	唇	chún
jukbeenderen (mv.)	颧骨	quán gǔ
tandvlees (het)	齿龈	chǐ yín
gehemelte (het)	腭	è
neusgaten (mv.)	鼻孔	bí kǒng
kin (de)	颏	kē
kaak (de)	下颌	xià hé
wang (de)	脸颊	liǎn jiá
voorhoofd (het)	前额	qián é
slaap (de)	太阳穴	tài yáng xué
oor (het)	耳朵	ěr duo
achterhoofd (het)	后脑勺儿	hòu nǎo sháo r
hals (de)	颈	jǐng
keel (de)	喉部	hóu bù
haren (mv.)	头发	tóu fa
kapsel (het)	发型	fà xíng
haarsnit (de)	发式	fà shì
pruik (de)	假发	jiǎ fà
snor (de)	胡子	hú zi
baard (de)	胡须	hú xū
dragen (een baard, enz.)	蓄着	xù zhuó
vlecht (de)	辫子	biàn zi
bakkebaarden (mv.)	鬓角	bìn jiǎo
ros (roodachtig, rossig)	红发的	hóng fà de
grijs (~ haar)	灰白的	huī bái de
kaal (bn)	秃头的	tū tóu de
kale plek (de)	秃头	tū tóu

| paardenstaart (de) | 马尾辫 | mǎ wěi biàn |
| pony (de) | 刘海 | liú hǎi |

62. Menselijk lichaam

| hand (de) | 手 | shǒu |
| arm (de) | 胳膊 | gēbo |

vinger (de)	手指	shǒu zhǐ
duim (de)	拇指	mǔ zhǐ
pink (de)	小指	xiǎo zhǐ
nagel (de)	指甲	zhǐ jia

vuist (de)	拳	quán
handpalm (de)	手掌	shǒu zhǎng
pols (de)	腕	wàn
voorarm (de)	前臂	qián bì
elleboog (de)	肘	zhǒu
schouder (de)	肩膀	jiān bǎng

been (rechter ~)	腿	tuǐ
voet (de)	脚, 足	jiǎo, zú
knie (de)	膝, 膝盖	xī, xī gài
kuit (de)	小腿肚	xiǎo tuǐ dù
heup (de)	臀部	tún bù
hiel (de)	后跟	hòu gēn

lichaam (het)	身体	shēnti
buik (de)	腹, 腹部	fù, fù bù
borst (de)	胸	xiōng
borst (de)	乳房	rǔ fáng
zijde (de)	体侧	tǐ cè
rug (de)	背	bèi
lage rug (de)	下背	xià bèi
taille (de)	腰	yāo

navel (de)	肚脐	dù qí
billen (mv.)	臀部, 屁股	tún bù, pì gu
achterwerk (het)	屁股	pì gu

huidvlek (de)	痣	zhì
moedervlek (de)	胎痣	tāi zhì
tatoeage (de)	文身	wén shēn
litteken (het)	疤	bā

63. Ziekten

ziekte (de)	病	bìng
ziek zijn (ww)	生病	shēng bìng
gezondheid (de)	健康	jiàn kāng
snotneus (de)	流鼻涕	liú bí tì
angina (de)	扁桃体炎	biǎn táo tǐ yán

verkoudheid (de)	感冒	gǎn mào
verkouden raken (ww)	感冒	gǎn mào
bronchitis (de)	支气管炎	zhī qì guǎn yán
longontsteking (de)	肺炎	fèi yán
griep (de)	流感	liú gǎn
bijziend (bn)	近视的	jìn shì de
verziend (bn)	远视的	yuǎn shì de
scheelheid (de)	斜眼	xié yǎn
scheel (bn)	对眼的	duì yǎn de
grauwe staar (de)	白内障	bái nèi zhàng
glaucoom (het)	青光眼	qīng guāng yǎn
beroerte (de)	中风	zhòng fēng
hartinfarct (het)	梗塞	gěng sè
myocardiaal infarct (het)	心肌梗塞	xīn jī gěng sè
verlamming (de)	麻痹	má bì
verlammen (ww)	使 … 麻痹	shǐ … má bì
allergie (de)	过敏	guò mǐn
astma (de/het)	哮喘	xiāo chuǎn
diabetes (de)	糖尿病	táng niào bìng
tandpijn (de)	牙痛	yá tòng
tandbederf (het)	龋齿	qǔ chǐ
diarree (de)	腹泻	fù xiè
constipatie (de)	便秘	biàn bì
maagstoornis (de)	饮食失调	yǐn shí shī tiáo
voedselvergiftiging (de)	食物中毒	shí wù zhòng dú
voedselvergiftiging oplopen	中毒	zhòng dú
artritis (de)	关节炎	guān jié yán
rachitis (de)	佝偻病	kòu lóu bìng
reuma (het)	风湿	fēng shī
arteriosclerose (de)	动脉粥样硬化	dòng mài zhōu yàng yìng huà
gastritis (de)	胃炎	wèi yán
blindedarmontsteking (de)	阑尾炎	lán wěi yán
galblaasontsteking (de)	胆囊炎	dǎn nán gyán
zweer (de)	溃疡	kuì yáng
mazelen (mv.)	麻疹	má zhěn
rodehond (de)	风疹	fēng zhěn
geelzucht (de)	黄疸	huáng dǎn
leverontsteking (de)	肝炎	gān yán
schizofrenie (de)	精神分裂 症	jīngshen fēnliè zhèng
dolheid (de)	狂犬病	kuáng quǎn bìng
neurose (de)	神经症	shén jīng zhèng
hersenschudding (de)	脑震荡	nǎo zhèn dàng
kanker (de)	癌症	ái zhèng
sclerose (de)	硬化	yìng huà
multiple sclerose (de)	多发性硬化症	duō fā xìng yìng huà zhèng

alcoholisme (het)	酗酒	xù jiǔ
alcoholicus (de)	酗酒者	xù jiǔ zhě
syfilis (de)	梅毒	méi dú
AIDS (de)	艾滋病	ài zī bìng
tumor (de)	肿瘤	zhǒng liú
koorts (de)	发烧	fā shāo
malaria (de)	疟疾	nuè ji
gangreen (het)	坏疽	huài jū
zeeziekte (de)	晕船	yùn chuán
epilepsie (de)	癫痫	diān xián
epidemie (de)	流行病	liú xíng bìng
tyfus (de)	斑疹伤寒	bān zhěn shāng hán
tuberculose (de)	结核病	jié hé bìng
cholera (de)	霍乱	huò luàn
pest (de)	瘟疫	wēn yì

64. Symptomen. Behandelingen. Deel 1

symptoom (het)	症状	zhèng zhuàng
temperatuur (de)	体温	tǐ wēn
verhoogde temperatuur (de)	发热	fā rè
polsslag (de)	脉搏	mài bó
duizeling (de)	眩晕	xuàn yùn
heet (erg warm)	热	rè
koude rillingen (mv.)	颤抖	chàn dǒu
bleek (bn)	苍白的	cāng bái de
hoest (de)	咳嗽	ké sou
hoesten (ww)	咳，咳嗽	ké, ké sou
niezen (ww)	打喷嚏	dǎ pēn tì
flauwte (de)	晕倒	yūn dǎo
flauwvallen (ww)	晕倒	yūn dǎo
blauwe plek (de)	青伤痕	qīng shāng hén
buil (de)	包	bāo
zich stoten (ww)	擦伤	cā shāng
kneuzing (de)	擦伤	cā shāng
kneuzen (gekneusd zijn)	瘀伤	yū shāng
hinken (ww)	跛行	bǒ xíng
verstuiking (de)	脱位	tuō wèi
verstuiken (enkel, enz.)	使 … 脱位	shǐ … tuō wèi
breuk (de)	骨折	gǔ zhé
een breuk oplopen	弄骨折	nòng gǔzhé
snijwond (de)	伤口	shāng kǒu
zich snijden (ww)	割破	gē pò
bloeding (de)	流血	liú xuè
brandwond (de)	烧伤	shāo shāng
zich branden (ww)	烧伤	shāo shāng

prikken (ww)	扎破	zhā pò
zich prikken (ww)	扎伤	zhā shāng
blesseren (ww)	损伤	sǔn shāng
blessure (letsel)	损伤	sǔn shāng
wond (de)	伤口	shāng kǒu
trauma (het)	外伤	wài shāng
IJlen (ww)	说胡话	shuō hú huà
stotteren (ww)	口吃	kǒu chī
zonnesteek (de)	中暑	zhòng shǔ

65. Symptomen. Behandelingen. Deel 2

pijn (de)	痛	tòng
splinter (de)	木刺	mù cì
zweet (het)	汗	hàn
zweten (ww)	出汗	chū hàn
braking (de)	呕吐	ǒu tù
stuiptrekkingen (mv.)	抽搐	chōu chù
zwanger (bn)	怀孕的	huái yùn de
geboren worden (ww)	出生	chū shēng
geboorte (de)	生产，分娩	shēngchǎn, fēnmiǎn
baren (ww)	生，分娩	shēng, fēnmiǎn
abortus (de)	人工流产	rén gōng liú chǎn
ademhaling (de)	呼吸	hū xī
inademing (de)	吸	xī
uitademing (de)	呼气	hū qì
uitademen (ww)	呼出	hū chū
inademen (ww)	吸入	xī rù
invalide (de)	残疾人	cán jí rén
gehandicapte (de)	残疾人	cán jí rén
drugsverslaafde (de)	吸毒者	xī dú zhě
doof (bn)	聋的	lóng de
stom (bn)	哑的	yǎ de
doofstom (bn)	聋哑的	lóng yǎ de
krankzinnig (bn)	精神失常的	jīngshen shī cháng de
krankzinnige (man)	疯子	fēng zi
krankzinnige (vrouw)	疯子	fēng zi
krankzinnig worden	发疯	fā fēng
gen (het)	基因	jī yīn
immuniteit (de)	免疫力	miǎn yì lì
erfelijk (bn)	遗传的	yí chuán de
aangeboren (bn)	天生的	tiān shēng de
virus (het)	病毒	bìng dú
microbe (de)	微生物	wēi shēng wù
bacterie (de)	细菌	xi jūn
infectie (de)	传染	chuán rǎn

66. Symptomen. Behandelingen. Deel 3

ziekenhuis (het)	医院	yī yuàn
patiënt (de)	病人	bìng rén
diagnose (de)	诊断	zhěn duàn
genezing (de)	治疗	zhì liáo
medische behandeling (de)	治疗	zhì liáo
onder behandeling zijn	治病	zhì bìng
behandelen (ww)	治疗	zhì liáo
zorgen (zieken ~)	看护	kān hù
ziekenzorg (de)	护理	hùlǐ
operatie (de)	手术	shǒu shù
verbinden (een arm ~)	用绷带包扎	yòng bēngdài bāozā
verband (het)	绷带法	bēngdài fǎ
vaccin (het)	疫苗	yìmiáo
inenten (vaccineren)	给 … 接种疫苗	gěi … jiē zhòng yì miáo
injectie (de)	注射	zhù shè
een injectie geven	打针	dǎ zhēn
aanval (de)	发作	fāzuò
amputatie (de)	截肢	jié zhī
amputeren (ww)	截肢	jié zhī
coma (het)	昏迷	hūn mí
in coma liggen	昏迷	hūn mí
intensieve zorg, ICU (de)	重症监护室	zhòng zhēng jiàn hù shì
zich herstellen (ww)	复原	fù yuán
toestand (de)	状态	zhuàng tài
bewustzijn (het)	知觉	zhī jué
geheugen (het)	记忆力	jì yì lì
trekken (een kies ~)	拔牙	bá yá
vulling (de)	补牙	bǔ yá
vullen (ww)	补牙	bǔ yá
hypnose (de)	催眠	cuī mián
hypnotiseren (ww)	催眠	cuī mián

67. Geneeskunde. Medicijnen. Accessoires

geneesmiddel (het)	药	yào
middel (het)	药剂	yào jì
voorschrijven (ww)	开药方	kāi yào fāng
recept (het)	药方	yào fāng
tablet (de/het)	药片	yào piàn
zalf (de)	药膏	yào gāo
ampul (de)	安瓿	ān bù
drank (de)	药水	yào shuǐ
siroop (de)	糖浆	táng jiāng

pil (de)	药丸	yào wán
poeder (de/het)	药粉	yào fěn
verband (het)	绷带	bēngdài
watten (mv.)	药棉	yào mián
jodium (het)	碘酒	diǎn jiǔ
pleister (de)	橡皮膏	xiàng pí gāo
pipet (de)	滴管	dī guǎn
thermometer (de)	体温表	tǐ wēn biǎo
spuit (de)	注射器	zhù shè qì
rolstoel (de)	轮椅	lú nyǐ
krukken (mv.)	拐杖	guǎi zhàng
pijnstiller (de)	止痛药	zhǐ tòng yào
laxeermiddel (het)	泻药	xiè yào
spiritus (de)	酒精	jiǔ jīng
medicinale kruiden (mv.)	药草	yào cǎo
kruiden- (abn)	草药的	cǎo yào de

APPARTEMENT

68. Appartement

appartement (het)	公寓	gōng yù
kamer (de)	房间	fáng jiān
slaapkamer (de)	卧室	wòshì
eetkamer (de)	餐厅	cān tīng
salon (de)	客厅	kè tīng
studeerkamer (de)	书房	shū fáng
gang (de)	入口空间	rù kǒu kōng jiān
badkamer (de)	浴室	yù shì
toilet (het)	卫生间	wèi shēng jiān
plafond (het)	天花板	tiān huā bǎn
vloer (de)	地板	dì bǎn
hoek (de)	墙角	qiáng jiǎo

69. Meubels. Interieur

meubels (mv.)	家具	jiā jù
tafel (de)	桌子	zhuō zi
stoel (de)	椅子	yǐ zi
bed (het)	床	chuáng
bankstel (het)	沙发	shā fā
fauteuil (de)	扶手椅	fú shǒu yǐ
boekenkast (de)	书橱	shū chú
boekenrek (het)	书架	shū jià
stellingkast (de)	橱架	chú jià
kledingkast (de)	衣柜	yī guì
kapstok (de)	墙衣帽架	qiáng yī mào jià
staande kapstok (de)	衣帽架	yī mào jià
commode (de)	五斗柜	wǔ dǒu guì
salontafeltje (het)	茶几	chá jī
spiegel (de)	镜子	jìng zi
tapijt (het)	地毯	dìtǎn
tapijtje (het)	小地毯	xiǎo dìtǎn
haard (de)	壁炉	bì lú
kaars (de)	蜡烛	là zhú
kandelaar (de)	烛台	zhútái
gordijnen (mv.)	窗帘	chuāng lián
behang (het)	墙纸	qiáng zhǐ

jaloezie (de)	百叶窗	bǎi yè chuāng
bureaulamp (de)	台灯	tái dēng
wandlamp (de)	灯	dēng
staande lamp (de)	落地灯	luò dì dēng
luchter (de)	枝形吊灯	zhī xíng diào dēng
poot (ov. een tafel, enz.)	腿	tuǐ
armleuning (de)	扶手	fú shou
rugleuning (de)	靠背	kào bèi
la (de)	抽屉	chōu tì

70. Beddengoed

beddengoed (het)	铺盖	pū gài
kussen (het)	枕头	zhěn tou
kussenovertrek (de)	枕套	zhěn tào
deken (de)	羽绒被	yǔ róng bèi
laken (het)	床单	chuáng dān
sprei (de)	床罩	chuáng zhào

71. Keuken

keuken (de)	厨房	chú fáng
gas (het)	煤气	méi qì
gasfornuis (het)	煤气炉	méi qì lú
elektrisch fornuis (het)	电炉	diàn lú
oven (de)	烤箱	kǎo xiāng
magnetronoven (de)	微波炉	wēi bō lú
koelkast (de)	冰箱	bīng xiāng
diepvriezer (de)	冷冻室	lěng dòng shì
vaatwasmachine (de)	洗碗机	xǐ wǎn jī
vleesmolen (de)	绞肉机	jiǎo ròu jī
vruchtenpers (de)	榨汁机	zhà zhī jī
toaster (de)	烤面包机	kǎo miàn bāo jī
mixer (de)	搅拌机	jiǎo bàn jī
koffiemachine (de)	咖啡机	kāfēi jī
koffiepot (de)	咖啡壶	kāfēi hú
koffiemolen (de)	咖啡研磨器	kāfēi yánmóqì
fluitketel (de)	开水壶	kāi shuǐ hú
theepot (de)	茶壶	chá hú
deksel (de/het)	盖子	gài zi
theezeefje (het)	滤茶器	lǜ chá qì
lepel (de)	匙子	chá zi
theelepeltje (het)	茶匙	chá chí
eetlepel (de)	汤匙	tāng chí
vork (de)	叉，餐叉	chā, cān chā
mes (het)	刀，刀子	dāo, dāo zi

vaatwerk (het)	餐具	cān jù
bord (het)	盘子	pán zi
schoteltje (het)	碟子	dié zi

likeurglas (het)	小酒杯	xiǎo jiǔ bēi
glas (het)	杯子	bēi zi
kopje (het)	杯子	bēi zi

suikerpot (de)	糖碗	táng wǎn
zoutvat (het)	盐瓶	yán píng
pepervat (het)	胡椒瓶	hú jiāo píng
boterschaaltje (het)	黄油碟	huáng yóu dié

steelpan (de)	炖锅	dùn guō
bakpan (de)	煎锅	jiān guō
pollepel (de)	长柄勺	cháng bǐng sháo
vergiet (de/het)	漏勺	lòu sháo
dienblad (het)	托盘	tuō pán

fles (de)	瓶子	píng zi
glazen pot (de)	玻璃罐	bōli guàn
blik (conserven~)	罐头	guàn tou

flesopener (de)	瓶起子	píng qǐ zi
blikopener (de)	开罐器	kāi guàn qì
kurkentrekker (de)	螺旋 拔塞器	luóxuán básāiqì
filter (de/het)	滤器	lǜ qì
filteren (ww)	过滤	guò lǜ

| huisvuil (het) | 垃圾 | lā jī |
| vuilnisemmer (de) | 垃圾桶 | lā jī tǒng |

72. Badkamer

badkamer (de)	浴室	yù shì
water (het)	水	shuǐ
kraan (de)	水龙头	shuǐ lóng tóu
warm water (het)	热水	rè shuǐ
koud water (het)	冷水	lěng shuǐ

| tandpasta (de) | 牙膏 | yá gāo |
| tanden poetsen (ww) | 刷牙 | shuā yá |

zich scheren (ww)	剃须	tì xū
scheercrème (de)	剃须泡沫	tì xū pào mò
scheermes (het)	剃须刀	tì xū dāo

wassen (ww)	洗	xǐ
een bad nemen	洗澡	xǐ zǎo
douche (de)	淋浴	lín yù
een douche nemen	洗淋浴	xǐ lín yù

| bad (het) | 浴缸 | yù gāng |
| toiletpot (de) | 抽水马桶 | chōu shuǐ mǎ tǒng |

wastafel (de)	水槽	shuǐ cáo
zeep (de)	肥皂	féi zào
zeepbakje (het)	肥皂盒	féi zào hé

spons (de)	清洁绵	qīng jié mián
shampoo (de)	洗发液	xǐ fā yè
handdoek (de)	毛巾, 浴巾	máo jīn, yù jīn
badjas (de)	浴衣	yù yī

was (bijv. handwas)	洗衣	xǐ yī
wasmachine (de)	洗衣机	xǐ yī jī
de was doen	洗衣服	xǐ yī fu
waspoeder (de)	洗衣粉	xǐ yī fěn

73. Huishoudelijke apparaten

televisie (de)	电视机	diàn shì jī
cassettespeler (de)	录音机	lù yīn jī
videorecorder (de)	录像机	lù xiàng jī
radio (de)	收音机	shōu yīn jī
speler (de)	播放器	bō fàng qì

videoprojector (de)	投影器	tóu yǐng qì
home theater systeem (het)	家庭影院系统	jiā tíng yǐng yuàn xì tǒng
DVD-speler (de)	DVD 播放机	diwidi bōfàngjī
versterker (de)	放大器	fàng dà qì
spelconsole (de)	电子游戏机	diànzǐ yóuxìjī

videocamera (de)	摄像机	shè xiàng jī
fotocamera (de)	照相机	zhào xiàng jī
digitale camera (de)	数码相机	shù mǎ xiàng jī

stofzuiger (de)	吸尘器	xī chén qì
strijkijzer (het)	熨斗	yùn dǒu
strijkplank (de)	熨衣板	yùn yī bǎn

telefoon (de)	电话	diàn huà
mobieltje (het)	手机	shǒu jī
schrijfmachine (de)	打字机	dǎ zì jī
naaimachine (de)	缝纫机	féng rèn jī

microfoon (de)	话筒	huà tǒng
koptelefoon (de)	耳机	ěr jī
afstandsbediening (de)	遥控器	yáo kòng qì

CD (de)	光盘	guāng pán
cassette (de)	磁带	cí dài
vinylplaat (de)	唱片	chàng piàn

DE AARDE. WEER

74. De kosmische ruimte

kosmos (de)	宇宙	yǔ zhòu
kosmisch (bn)	宇宙的，太空	yǔ zhòu de, tài kōng
kosmische ruimte (de)	外层空间	wài céng kōng jiān
wereld (de), heelal (het)	宇宙	yǔ zhòu
sterrenstelsel (het)	银河系	yín hé xì
ster (de)	星，恒星	xīng, héng xīng
sterrenbeeld (het)	星座	xīng zuò
planeet (de)	行星	xíng xīng
satelliet (de)	卫星	wèi xīng
meteoriet (de)	陨石	yǔn shí
komeet (de)	彗星	huì xīng
asteroïde (de)	小行星	xiǎo xíng xīng
baan (de)	轨道	guǐ dào
draaien (om de zon, enz.)	公转	gōng zhuàn
atmosfeer (de)	大气层	dà qì céng
Zon (de)	太阳	tài yáng
zonnestelsel (het)	太阳系	tài yáng xì
zonsverduistering (de)	日食	rì shí
Aarde (de)	地球	dì qiú
Maan (de)	月球	yuè qiú
Mars (de)	火星	huǒ xīng
Venus (de)	金星	jīn xīng
Jupiter (de)	木星	mù xīng
Saturnus (de)	土星	tǔ xīng
Mercurius (de)	水星	shuǐ xīng
Uranus (de)	天王星	tiān wáng xīng
Neptunus (de)	海王星	hǎi wáng xīng
Pluto (de)	冥王星	míng wáng xīng
Melkweg (de)	银河	yín hé
Grote Beer (de)	大熊座	dà xióng zuò
Poolster (de)	北极星	běi jí xīng
marsmannetje (het)	火星人	huǒ xīng rén
buitenaards wezen (het)	外星人	wài xīng rén
bovenaards (het)	外星人	wài xīng rén
vliegende schotel (de)	飞碟	fēi dié
ruimtevaartuig (het)	宇宙飞船	yǔ zhòu fēi chuán
ruimtestation (het)	宇宙空间站	yǔ zhòu kōng jiān zhàn

start (de)	发射	fā shè
motor (de)	发动机	fā dòng jī
straalpijp (de)	喷嘴	pēn zuǐ
brandstof (de)	燃料	rán liào

cabine (de)	座舱	zuò cāng
antenne (de)	天线	tiān xiàn
patrijspoort (de)	舷窗	xián chuāng
zonnebatterij (de)	太阳能电池	tàiyáng néng diànchí
ruimtepak (het)	太空服	tài kōng fú

| gewichtloosheid (de) | 失重 | shī zhòng |
| zuurstof (de) | 氧气 | yǎng qì |

| koppeling (de) | 对接 | duì jiē |
| koppeling maken | 对接 | duì jiē |

observatorium (het)	天文台	tiānwén tái
telescoop (de)	天文望远镜	tiānwén wàngyuǎnjìng
waarnemen (ww)	观察到	guān chá dào
exploreren (ww)	探索	tàn suǒ

75. De Aarde

Aarde (de)	地球	dì qiú
aardbol (de)	地球	dì qiú
planeet (de)	行星	xíng xīng

atmosfeer (de)	大气层	dà qì céng
aardrijkskunde (de)	地理学	dì lǐ xué
natuur (de)	自然界	zì rán jiè

wereldbol (de)	地球仪	dì qiú yí
kaart (de)	地图	dì tú
atlas (de)	地图册	dì tú cè

Europa (het)	欧洲	oūzhōu
Azië (het)	亚洲	yàzhōu
Afrika (het)	非洲	fēizhōu
Australië (het)	澳洲	àozhōu

Amerika (het)	美洲	měizhōu
Noord-Amerika (het)	北美洲	běiměizhōu
Zuid-Amerika (het)	南美洲	nánměizhōu

| Antarctica (het) | 南极洲 | nánjízhōu |
| Arctis (de) | 北极地区 | běijídìqū |

76. Windrichtingen

| noorden (het) | 北方 | běi fāng |
| naar het noorden | 朝北 | cháo běi |

in het noorden	在北方	zài běi fāng
noordelijk (bn)	北方的	běi fāng de
zuiden (het)	南方	nán fāng
naar het zuiden	朝南	cháo nán
in het zuiden	在南方	zài nán fāng
zuidelijk (bn)	南方的	nán fāng de
westen (het)	西方	xī fāng
naar het westen	朝西	cháo xī
in het westen	在西方	zài xī fāng
westelijk (bn)	西方的	xī fāng de
oosten (het)	东方	dōng fāng
naar het oosten	朝东	cháo dōng
in het oosten	在东方	zài dōng fāng
oostelijk (bn)	东方的	dōng fāng de

77. Zee. Oceaan

zee (de)	海，大海	hǎi, dà hǎi
oceaan (de)	海洋，大海	hǎi yáng, dà hǎi
golf (baai)	海湾	hǎi wān
straat (de)	海峡	hǎi xiá
grond (vaste grond)	陆地	lù dì
continent (het)	大陆，洲	dà lù, zhōu
eiland (het)	岛，海岛	dǎo, hǎi dǎo
schiereiland (het)	半岛	bàn dǎo
archipel (de)	群岛	qún dǎo
baai, bocht (de)	海湾	hǎi wān
haven (de)	港口	gǎng kǒu
lagune (de)	泻湖	xiè hú
kaap (de)	海角	hǎi jiǎo
atol (de)	环状珊瑚岛	huánzhuàng shānhúdǎo
rif (het)	礁	jiāo
koraal (het)	珊瑚	shān hú
koraalrif (het)	珊瑚礁	shān hú jiāo
diep (bn)	深的	shēn de
diepte (de)	深度	shēn dù
diepzee (de)	深渊	shēn yuān
trog (bijv. Marianentrog)	海沟	hǎi gōu
stroming (de)	水流	shuǐ liú
omspoelen (ww)	环绕	huán rào
oever (de)	岸	àn
kust (de)	海岸，海滨	hǎi àn, hǎi bīn
vloed (de)	高潮	gāo cháo
eb (de)	落潮	luò cháo

ondiepte (ondiep water)	沙洲	shā zhōu
bodem (de)	海底	hǎi dǐ
golf (hoge ~)	波浪	bō làng
golfkam (de)	浪峰	làng fēng
schuim (het)	泡沫	pào mò
orkaan (de)	飓风	jù fēng
tsunami (de)	海啸	hǎi xiào
windstilte (de)	风平浪静	fēng píng làng jìng
kalm (bijv. ~e zee)	平静的	píng jìng de
pool (de)	北极	běi jí
polair (bn)	北极的	běi jí de
breedtegraad (de)	纬度	wěi dù
lengtegraad (de)	经度	jīng dù
parallel (de)	纬线	wěi xiàn
evenaar (de)	赤道	chì dào
hemel (de)	天	tiān
horizon (de)	地平线	dì píng xiàn
lucht (de)	空气	kōng qì
vuurtoren (de)	灯塔	dēng tǎ
duiken (ww)	跳水	tiào shuǐ
zinken (ov. een boot)	沉没	chén mò
schatten (mv.)	宝物	bǎo wù

78. Namen van zeeën en oceanen

Atlantische Oceaan (de)	大西洋	dà xī yáng
Indische Oceaan (de)	印度洋	yìn dù yáng
Stille Oceaan (de)	太平洋	tài píng yáng
Noordelijke IJszee (de)	北冰洋	běi bīng yáng
Zwarte Zee (de)	黑海	hēi hǎi
Rode Zee (de)	红海	hóng hǎi
Gele Zee (de)	黄海	huáng hǎi
Witte Zee (de)	白海	bái hǎi
Kaspische Zee (de)	里海	lǐ hǎi
Dode Zee (de)	死海	sǐ hǎi
Middellandse Zee (de)	地中海	dìzhōng hǎi
Egeïsche Zee (de)	爱琴海	àiqín hǎi
Adriatische Zee (de)	亚得里亚海	yàdélǐyà hǎi
Arabische Zee (de)	阿拉伯海	ālābó hǎi
Japanse Zee (de)	日本海	rìběn hǎi
Beringzee (de)	白令海	báilìng hǎi
Zuid-Chinese Zee (de)	南海	nán hǎi
Koraalzee (de)	珊瑚海	shānhú hǎi
Tasmanzee (de)	塔斯曼海	tǎsīmàn hǎi

Caribische Zee (de)	加勒比海	jiālèbǐ hǎi
Barentszzee (de)	巴伦支海	bālúnzhī hǎi
Karische Zee (de)	喀拉海	kālā hǎi
Noordzee (de)	北海	běi hǎi
Baltische Zee (de)	波罗的海	bōluódì hǎi
Noorse Zee (de)	挪威海	nuówēi hǎi

79. Bergen

berg (de)	山	shān
bergketen (de)	山脉	shān mài
gebergte (het)	山脊	shān jǐ
bergtop (de)	山顶	shān dǐng
bergpiek (de)	山峰	shān fēng
voet (ov. de berg)	山脚	shān jiǎo
helling (de)	山坡	shān pō
vulkaan (de)	火山	huǒ shān
actieve vulkaan (de)	活火山	huó huǒ shān
uitgedoofde vulkaan (de)	死火山	sǐ huǒ shān
uitbarsting (de)	喷发	pèn fā
krater (de)	火山口	huǒ shān kǒu
magma (het)	岩浆	yán jiāng
lava (de)	熔岩	róng yán
gloeiend (~e lava)	炽热的	chì rè de
kloof (canyon)	峡谷	xiá gǔ
bergkloof (de)	峡谷	xiá gǔ
spleet (de)	裂缝	liè xià
bergpas (de)	山口	shān kǒu
plateau (het)	高原	gāo yuán
klip (de)	悬崖	xuán yá
heuvel (de)	小山	xiǎo shān
gletsjer (de)	冰川，冰河	bīng chuān, bīng hé
waterval (de)	瀑布	pù bù
geiser (de)	间歇泉	jiàn xiē quán
meer (het)	湖	hú
vlakte (de)	平原	píng yuán
landschap (het)	风景	fēng jǐng
echo (de)	回声	huí shēng
alpinist (de)	登山家	dēng shān jiā
bergbeklimmer (de)	攀岩者	pān yán zhě
trotseren (berg ~)	征服	zhēng fú
beklimming (de)	登山	dēng shān

80. Bergen namen

Alpen (de)	阿尔卑斯	āěrbēisī
Mont Blanc (de)	勃朗峰	bólǎngfēng
Pyreneeën (de)	比利牛斯	bǐlìniúsī
Karpaten (de)	喀尔巴阡	kāerbāqiān
Oeralgebergte (het)	乌拉尔山脉	wūlāěr shānmài
Kaukasus (de)	高加索	gāojiāsuǒ
Elbroes (de)	厄尔布鲁士山	èěrbùlǔshìshān
Altaj (de)	阿尔泰	āěrtài
Tiensjan (de)	天山	tiānshān
Pamir (de)	帕米尔高原	pàmǐěr gāoyuán
Himalaya (de)	喜马拉雅山	xǐmǎlāyǎ shān
Everest (de)	珠穆朗玛峰	zhūmùlǎngmǎfēng
Andes (de)	安第斯	āndìsī
Kilimanjaro (de)	乞力马扎罗	qǐlìmǎzháluó

81. Rivieren

rivier (de)	河，江	hé, jiāng
bron (~ van een rivier)	泉，泉水	quán, quán shuǐ
riverbedding (de)	河床	hé chuáng
riverbekken (het)	流域	liú yù
uitmonden in ...	流入	liú rù
zijrivier (de)	支流	zhī liú
oever (de)	岸	àn
stroming (de)	水流	shuǐ liú
stroomafwaarts (bw)	顺流而下	shùn liú ér xià
stroomopwaarts (bw)	溯流而上	sù liú ér shàng
overstroming (de)	洪水	hóng shuǐ
overstroming (de)	水灾	shuǐ zāi
buiten zijn oevers treden	溢出	yì chū
overstromen (ww)	淹没	yān mò
zandbank (de)	浅水	qiǎn shuǐ
stroomversnelling (de)	急流	jí liú
dam (de)	坝，堤坝	bà, dī bà
kanaal (het)	运河	yùn hé
spaarbekken (het)	水库	shuǐ kù
sluis (de)	水闸	shuǐ zhá
waterlichaam (het)	水体	shuǐ tǐ
moeras (het)	沼泽	zhǎo zé
broek (het)	烂泥塘	làn ní táng
draaikolk (de)	漩涡	xuàn wō
stroom (de)	小溪	xiǎo xī

drink- (abn)	饮用的	yǐn yòng de
zoet (~ water)	淡水的	dàn shuǐ de
IJs (het)	冰	bīng
bevriezen (rivier, enz.)	封冻	fēng dòng

82. Namen van rivieren

Seine (de)	塞纳河	sènà hé
Loire (de)	卢瓦尔河	lúwǎěr hé
Theems (de)	泰晤士河	tàiwùshì hé
Rijn (de)	莱茵河	láiyīn hé
Donau (de)	多瑙河	duōnǎo hé
Wolga (de)	伏尔加河	fúěrjiā hé
Don (de)	顿河	dùn hé
Lena (de)	勒拿河	lèná hé
Gele Rivier (de)	黄河	huáng hé
Blauwe Rivier (de)	长江	chángjiāng
Mekong (de)	湄公河	méigōng hé
Ganges (de)	恒河	héng hé
Nijl (de)	尼罗河	níluó hé
Kongo (de)	刚果河	gāngguǒ hé
Okavango (de)	奥卡万戈河	àokǎwàngē hé
Zambezi (de)	赞比亚河	zànbǐyà hé
Limpopo (de)	林波波河	línbōbō hé
Mississippi (de)	密西西比河	mìxīxībǐ hé

83. Bos

bos (het)	森林，树林	sēn lín, shù lín
bos- (abn)	树林的	shù lín de
oerwoud (dicht bos)	密林	mì lín
bosje (klein bos)	小树林	xiǎo shù lín
open plek (de)	林中草地	lín zhōng cǎo dì
struikgewas (het)	灌木丛	guàn mù cóng
struiken (mv.)	灌木林	guàn mù lín
paadje (het)	小道	xiǎo dào
ravijn (het)	冲沟	chōng gōu
boom (de)	树，乔木	shù, qiáo mù
blad (het)	叶子	yè zi
gebladerte (het)	树叶	shù yè
vallende bladeren (mv.)	落叶	luò yè
vallen (ov. de bladeren)	凋落	diāo luò

boomtop (de)	树梢	shù shāo
tak (de)	树枝	shù zhī
ent (de)	粗树枝	cū shù zhī
knop (de)	芽	yá
naald (de)	针叶	zhēn yè
dennenappel (de)	球果	qiú guǒ
boom holte (de)	树洞	shù dòng
nest (het)	鸟窝	niǎo wō
hol (het)	洞穴，兽穴	dòng xué, shòu xué
stam (de)	树干	shù gàn
wortel (bijv. boom~s)	树根	shù gēn
schors (de)	树皮	shùpí
mos (het)	苔藓	tái xiǎn
ontwortelen (een boom)	根除	gēn chú
kappen (een boom ~)	砍倒	kǎn dǎo
ontbossen (ww)	砍伐森林	kǎn fá sēn lín
stronk (de)	树桩	shù zhuāng
kampvuur (het)	篝火	gōu huǒ
bosbrand (de)	森林火灾	sēn lín huǒ zāi
blussen (ww)	扑灭	pū miè
boswachter (de)	护林员	hù lín yuán
bescherming (de)	保护	bǎo hù
beschermen	保护	bǎo hù
(bijv. de natuur ~)		
stroper (de)	偷猎者	tōu liè zhě
val (de)	陷阱	xiàn jǐng
plukken (vruchten, enz.)	采集	cǎi jí
verdwalen (de weg kwijt zijn)	迷路	mí lù

84. Natuurlijke hulpbronnen

natuurlijke rijkdommen (mv.)	自然资源	zìrán zī yuán
delfstoffen (mv.)	矿物	kuàng wù
lagen (mv.)	矿层	kuàng céng
veld (bijv. olie~)	矿田	kuàng tián
winnen (uit erts ~)	开采	kāi cǎi
winning (de)	采矿业	cǎi kuàng yè
erts (het)	矿石	kuàng shí
mijn (bijv. kolenmijn)	矿，矿山	kuàng, kuàng shān
mijnschacht (de)	矿井	kuàng jǐng
mijnwerker (de)	矿工	kuàng gōng
gas (het)	煤气	méi qì
gasleiding (de)	煤气管道	méi qì guǎn dào
olie (aardolie)	石油	shí yóu
olieleiding (de)	油管	yóu guǎn

oliebron (de)	石油钻塔	shí yóu zuān tǎ
boortoren (de)	钻油塔	zuān yóu tǎ
tanker (de)	油船，油轮	yóu chuán, yóu lún

zand (het)	沙，沙子	shā, shā zi
kalksteen (de)	石灰石	shí huī shí
grind (het)	砾石	lì shí
veen (het)	泥煤	ní méi
klei (de)	粘土	nián tǔ
steenkool (de)	煤	méi

IJzer (het)	铁	tiě
goud (het)	黄金	huáng jīn
zilver (het)	银	yín
nikkel (het)	镍	niè
koper (het)	铜	tóng

zink (het)	锌	xīn
mangaan (het)	锰	měng
kwik (het)	水银	shuǐ yín
lood (het)	铅	qiān

mineraal (het)	矿物	kuàng wù
kristal (het)	结晶	jié jīng
marmer (het)	大理石	dà lǐ shí
uraan (het)	铀	yóu

85. Weer

weer (het)	天气	tiān qì
weersvoorspelling (de)	气象预报	qìxiàng yùbào
temperatuur (de)	温度	wēn dù
thermometer (de)	温度表	wēn dù biǎo
barometer (de)	气压表	qì yā biǎo

vochtigheid (de)	空气湿度	kōng qì shī dù
hitte (de)	炎热	yán rè
heet (bn)	热的	rè de
het is heet	天气热	tiān qì rè

| het is warm | 天气暖 | tiān qì nuǎn |
| warm (bn) | 暖和的 | nuǎn huo de |

| het is koud | 天气冷 | tiān qì lěng |
| koud (bn) | 冷的 | lěng de |

zon (de)	太阳	tài yáng
schijnen (de zon)	发光	fā guāng
zonnig (~e dag)	阳光充足的	yáng guāng chōng zú de
opgaan (ov. de zon)	升起	shēng qǐ
ondergaan (ww)	落山	luò shān

| wolk (de) | 云 | yún |
| bewolkt (bn) | 多云的 | duō yún de |

regenwolk (de)	乌云	wū yún
somber (bn)	阴沉的	yīn chén de
regen (de)	雨	yǔ
het regent	下雨	xià yǔ
regenachtig (bn)	雨 …，多雨的	yǔ …, duō yǔ de
motregenen (ww)	下毛毛雨	xià máo máo yǔ
plensbui (de)	倾盆大雨	qīng pén dà yǔ
stortbui (de)	暴雨	bào yǔ
hard (bn)	大 …	dà …
plas (de)	水洼	shuǐ wā
nat worden (ww)	淋湿	lín shī
mist (de)	雾气	wù qì
mistig (bn)	多雾的	duō wù de
sneeuw (de)	雪	xuě
het sneeuwt	下雪	xià xuě

86. Zwaar weer. Natuurrampen

noodweer (storm)	大雷雨	dà léi yǔ
bliksem (de)	闪电	shǎn diàn
flitsen (ww)	闪光	shǎn guāng
donder (de)	雷，雷声	léi, léi shēng
donderen (ww)	打雷	dǎ léi
het dondert	打雷	dǎ léi
hagel (de)	雹子	báo zi
het hagelt	下冰雹	xià bīng báo
overstromen (ww)	淹没	yān mò
overstroming (de)	洪水	hóng shuǐ
aardbeving (de)	地震	dì zhèn
aardschok (de)	震动	zhèn dòng
epicentrum (het)	震中	zhèn zhōng
uitbarsting (de)	喷发	pèn fā
lava (de)	熔岩	róng yán
wervelwind (de)	旋风	xuànfēng
windhoos (de)	龙卷风	lóng juàn fēng
tyfoon (de)	台风	tái fēng
orkaan (de)	飓风	jù fēng
storm (de)	风暴	fēng bào
tsunami (de)	海啸	hǎi xiào
cycloon (de)	气旋	qì xuán
onweer (het)	恶劣天气	è liè tiān qì
brand (de)	火灾	huǒ zāi
ramp (de)	灾难	zāi nàn

meteoriet (de)	陨石	yǔn shí
lawine (de)	雪崩	xuě bēng
sneeuwverschuiving (de)	雪崩	xuě bēng
sneeuwjacht (de)	暴风雪	bào fēng xuě
sneeuwstorm (de)	暴风雪	bào fēng xuě

FAUNA

87. Zoogdieren. Roofdieren

roofdier (het)	捕食者	bǔ shí zhě
tijger (de)	老虎	lǎo hǔ
leeuw (de)	狮子	shī zi
wolf (de)	狼	láng
vos (de)	狐狸	húli
jaguar (de)	美洲豹	měi zhōu bào
luipaard (de)	豹	bào
jachtluipaard (de)	猎豹	liè bào
panter (de)	豹	bào
poema (de)	美洲狮	měi zhōu shī
sneeuwluipaard (de)	雪豹	xuě bào
lynx (de)	猞猁	shē lì
coyote (de)	丛林狼	cóng lín láng
jakhals (de)	豺	chái
hyena (de)	鬣狗	liè gǒu

88. Wilde dieren

dier (het)	动物	dòng wù
beest (het)	兽	shòu
eekhoorn (de)	松鼠	sōng shǔ
egel (de)	刺猬	cì wei
haas (de)	野兔	yě tù
konijn (het)	家兔	jiā tù
das (de)	獾	huān
wasbeer (de)	浣熊	huàn xióng
hamster (de)	仓鼠	cāng shǔ
marmot (de)	土拨鼠	tǔ bō shǔ
mol (de)	鼹鼠	yǎn shǔ
muis (de)	老鼠	lǎo shǔ
rat (de)	大家鼠	dà jiā shǔ
vleermuis (de)	蝙蝠	biān fú
hermelijn (de)	白鼬	bái yòu
sabeldier (het)	黑貂	hēi diāo
marter (de)	貂	diāo
wezel (de)	银鼠	yín shǔ
nerts (de)	水貂	shuǐ diāo

bever (de)	海狸	hǎi lí
otter (de)	水獭	shuǐ tǎ
paard (het)	马	mǎ
eland (de)	驼鹿	tuó lù
hert (het)	鹿	lù
kameel (de)	骆驼	luò tuo
bizon (de)	美洲野牛	měizhōu yěniú
oeros (de)	欧洲野牛	oūzhōu yěniú
buffel (de)	水牛	shuǐ niú
zebra (de)	斑马	bān mǎ
antilope (de)	羚羊	líng yáng
ree (de)	狍子	páo zi
damhert (het)	扁角鹿	biǎn jiǎo lù
gems (de)	岩羚羊	yán líng yáng
everzwijn (het)	野猪	yě zhū
walvis (de)	鲸	jīng
rob (de)	海豹	hǎi bào
walrus (de)	海象	hǎi xiàng
zeehond (de)	海狗	hǎi gǒu
dolfijn (de)	海豚	hǎi tún
beer (de)	熊	xióng
IJsbeer (de)	北极熊	běi jí xióng
panda (de)	熊猫	xióng māo
aap (de)	猴子	hóu zi
chimpansee (de)	黑猩猩	hēi xīng xing
orang-oetan (de)	猩猩	xīng xing
gorilla (de)	大猩猩	dà xīng xing
makaak (de)	猕猴	mí hóu
gibbon (de)	长臂猿	cháng bì yuán
olifant (de)	象	xiàng
neushoorn (de)	犀牛	xī niú
giraffe (de)	长颈鹿	cháng jīng lù
nijlpaard (het)	河马	hé mǎ
kangoeroe (de)	袋鼠	dài shǔ
koala (de)	树袋熊	shù dài xióng
mangoest (de)	猫鼬	māo yòu
chinchilla (de)	毛丝鼠	máo sī shǔ
stinkdier (het)	臭鼬	chòu yòu
stekelvarken (het)	箭猪	jiàn zhū

89. Huisdieren

poes (de)	母猫	mǔ māo
kater (de)	雄猫	xióng māo
paard (het)	马	mǎ

hengst (de)	公马	gōng mǎ
merrie (de)	母马	mǔ mǎ
koe (de)	母牛	mǔ niú
stier (de)	公牛	gōng niú
os (de)	阉牛	yān niú
schaap (het)	羊，绵羊	yáng, mián yáng
ram (de)	公绵羊	gōng mián yáng
geit (de)	山羊	shān yáng
bok (de)	公山羊	gōng shān yáng
ezel (de)	驴	lǘ
muilezel (de)	骡子	luó zi
varken (het)	猪	zhū
biggetje (het)	小猪	xiǎo zhū
konijn (het)	家兔	jiā tù
kip (de)	母鸡	mǔ jī
haan (de)	公鸡	gōng jī
eend (de)	鸭子	yā zi
woerd (de)	公鸭子	gōng yā zi
gans (de)	鹅	é
kalkoen haan (de)	雄火鸡	xióng huǒ jī
kalkoen (de)	火鸡	huǒ jī
huisdieren (mv.)	家畜	jiā chù
tam (bijv. hamster)	驯化的	xùn huà de
temmen (tam maken)	驯化	xùn huà
fokken (bijv. paarden ~)	饲养	sì yǎng
boerderij (de)	农场	nóng chǎng
gevogelte (het)	家禽	jiā qín
rundvee (het)	牲畜	shēng chù
kudde (de)	群	qún
paardenstal (de)	马厩	mǎ jiù
zwijnenstal (de)	猪圈	zhū jiàn
koeienstal (de)	牛棚	niú péng
konijnenhok (het)	兔舍	tù shè
kippenhok (het)	鸡窝	jī wō

90. Vogels

vogel (de)	鸟	niǎo
duif (de)	鸽子	gē zi
mus (de)	麻雀	má què
koolmees (de)	山雀	shān què
ekster (de)	喜鹊	xǐ què
raaf (de)	渡鸦	dù yā
kraai (de)	乌鸦	wū yā

kauw (de)	穴鸟	xué niǎo
roek (de)	秃鼻乌鸦	tū bí wū yā
eend (de)	鸭子	yā zi
gans (de)	鹅	é
fazant (de)	野鸡	yě jī
arend (de)	鹰	yīng
havik (de)	鹰，隼	yīng, sǔn
valk (de)	隼，猎鹰	sǔn, liè yīng
gier (de)	秃鹫	tū jiù
condor (de)	神鹰	shén yīng
zwaan (de)	天鹅	tiān é
kraanvogel (de)	鹤	hè
ooievaar (de)	鹳	guàn
papegaai (de)	鹦鹉	yīng wǔ
kolibrie (de)	蜂鸟	fēng niǎo
pauw (de)	孔雀	kǒng què
struisvogel (de)	鸵鸟	tuó niǎo
reiger (de)	鹭	lù
flamingo (de)	火烈鸟	huǒ liè niǎo
pelikaan (de)	鹈鹕	tí hú
nachtegaal (de)	夜莺	yè yīng
zwaluw (de)	燕子	yàn zi
lijster (de)	田鸫	tián dōng
zanglijster (de)	歌鸠	gē jiū
merel (de)	乌鸫	wū dōng
gierzwaluw (de)	雨燕	yǔ yàn
leeuwerik (de)	云雀	yún què
kwartel (de)	鹌鹑	ān chún
specht (de)	啄木鸟	zhuó mù niǎo
koekoek (de)	布谷鸟	bù gǔ niǎo
uil (de)	猫头鹰	māo tóu yīng
oehoe (de)	雕号鸟	diāo hào niǎo
auerhoen (het)	松鸡	sōng jī
korhoen (het)	黑琴鸡	hēi qín jī
patrijs (de)	山鹑	shān chún
spreeuw (de)	椋鸟	liáng niǎo
kanarie (de)	金丝雀	jīn sī què
hazelhoen (het)	花尾榛鸡	huā yǐ qín jī
vink (de)	苍头燕雀	cāng tóu yàn què
goudvink (de)	红腹灰雀	hóng fù huī què
meeuw (de)	海鸥	hǎi ōu
albatros (de)	信天翁	xìn tiān wēng
pinguïn (de)	企鹅	qǐ é

91. Vis. Zeedieren

brasem (de)	鳊鱼	biān yú
karper (de)	鲤鱼	lǐyú
baars (de)	鲈鱼	lú yú
meerval (de)	鲶鱼	nián yú
snoek (de)	狗鱼	gǒu yú
zalm (de)	鲑鱼	guī yú
steur (de)	鲟鱼	xú nyú
haring (de)	鲱鱼	fēi yú
atlantische zalm (de)	大西洋鲑	dà xī yáng guī
makreel (de)	鲭鱼	qīng yú
platvis (de)	比目鱼	bǐ mù yú
snoekbaars (de)	白梭吻鲈	bái suō wěn lú
kabeljauw (de)	鳕鱼	xuě yú
tonijn (de)	金枪鱼	jīn qiāng yú
forel (de)	鳟鱼	zūn yú
paling (de)	鳗鱼，鳝鱼	mán yú, shàn yú
sidderrog (de)	电鳐目	diàn yáo mù
murene (de)	海鳝	hǎi shàn
piranha (de)	食人鱼	shí rén yú
haai (de)	鲨鱼	shā yú
dolfijn (de)	海豚	hǎi tún
walvis (de)	鲸	jīng
krab (de)	螃蟹	páng xiè
kwal (de)	海蜇	hǎi zhē
octopus (de)	章鱼	zhāng yú
zeester (de)	海星	hǎi xīng
zee-egel (de)	海胆	hǎi dǎn
zeepaardje (het)	海马	hǎi mǎ
oester (de)	牡蛎	mǔ lì
garnaal (de)	虾，小虾	xiā, xiǎo xiā
kreeft (de)	鳌龙虾	áo lóng xiā
langoest (de)	龙虾科	lóng xiā kē

92. Amfibieën. Reptielen

slang (de)	蛇	shé
giftig (slang)	有毒的	yǒu dú de
adder (de)	蝮蛇	fù shé
cobra (de)	眼镜蛇	yǎn jìng shé
python (de)	蟒蛇	mǎng shé
boa (de)	大蟒蛇	dà mǎng shé
ringslang (de)	水游蛇	shuǐ yóu shé

| ratelslang (de) | 响尾蛇 | xiǎng wěi shé |
| anaconda (de) | 森蚺 | sēn rán |

hagedis (de)	蜥蜴	xī yì
leguaan (de)	鬣鳞蜥	liè lín xī
varaan (de)	巨蜥	jù xī
salamander (de)	蝾螈	róng yuán
kameleon (de)	变色龙	biàn sè lóng
schorpioen (de)	蝎子	xiē zi

schildpad (de)	龟	guī
kikker (de)	青蛙	qīng wā
pad (de)	蟾蜍	chán chú
krokodil (de)	鳄鱼	è yú

93. Insecten

insect (het)	昆虫	kūn chóng
vlinder (de)	蝴蝶	hú dié
mier (de)	蚂蚁	mǎ yǐ
vlieg (de)	苍蝇	cāng ying
mug (de)	蚊子	wén zi
kever (de)	甲虫	jiǎ chóng

wesp (de)	黄蜂	huáng fēng
bij (de)	蜜蜂	mì fēng
hommel (de)	熊蜂	xióng fēng
horzel (de)	牛虻	niú méng

| spin (de) | 蜘蛛 | zhī zhū |
| spinnenweb (het) | 蜘蛛网 | zhī zhū wǎng |

libel (de)	蜻蜓	qīng tíng
sprinkhaan (de)	蝗虫	huáng chóng
nachtvlinder (de)	蛾	é

kakkerlak (de)	蟑螂	zhāng láng
mijt (de)	壁虱	bì shī
vlo (de)	跳蚤	tiào zao
kriebelmug (de)	蠓	měng

treksprinkhaan (de)	蝗虫	huáng chóng
slak (de)	蜗牛	wō niú
krekel (de)	蟋蟀	xī shuài
glimworm (de)	萤火虫	yíng huǒ chóng
lieveheersbeestje (het)	瓢虫	piáo chóng
meikever (de)	大傈鳃角金龟	dà lì sāi jiǎo jīn guī

bloedzuiger (de)	水蛭	shuǐ zhì
rups (de)	毛虫	máo chóng
aardworm (de)	虫，蠕虫	chóng, rú chóng
larve (de)	幼虫	yòu chóng

FLORA

94. Bomen

boom (de)	树，乔木	shù, qiáo mù
loof- (abn)	每年落叶的	měi nián luò yè de
dennen- (abn)	针叶树	zhēn yè shù
groenblijvend (bn)	常绿树	cháng lǜ shù
appelboom (de)	苹果树	píngguǒ shù
perenboom (de)	梨树	lí shù
zoete kers (de)	欧洲甜樱桃树	oūzhōu tián yīngtáo shù
zure kers (de)	樱桃树	yīngtáo shù
pruimelaar (de)	李树	lǐ shù
berk (de)	白桦，桦树	bái huà, huà shù
eik (de)	橡树	xiàng shù
linde (de)	椴树	duàn shù
esp (de)	山杨	shān yáng
esdoorn (de)	枫树	fēng shù
spar (de)	枞树，杉树	cōng shù, shān shù
den (de)	松树	sōng shù
lariks (de)	落叶松	luò yè sōng
zilverspar (de)	冷杉	lěng shān
ceder (de)	雪松	xuě sōng
populier (de)	杨	yáng
lijsterbes (de)	花楸	huā qiū
wilg (de)	柳树	liǔ shù
els (de)	赤杨	chì yáng
beuk (de)	山毛榉	shān máo jǔ
iep (de)	榆树	yú shù
es (de)	白腊树	bái là shù
kastanje (de)	栗树	lì shù
magnolia (de)	木兰	mù lán
palm (de)	棕榈树	zōng lǘ shù
cipres (de)	柏树	bǎi shù
baobab (apenbroodboom)	猴面包树	hóu miàn bāo shù
eucalyptus (de)	桉树	ān shù
mammoetboom (de)	红杉	hóng shān

95. Heesters

struik (de)	灌木	guàn mù
heester (de)	灌木	guàn mù

| wijnstok (de) | 葡萄 | pú tao |
| wijngaard (de) | 葡萄园 | pú táo yuán |

frambozenstruik (de)	悬钩栗	xuán gōu lì
rode bessenstruik (de)	红醋栗	hóng cù lì
kruisbessenstruik (de)	醋栗	cù lì

acacia (de)	金合欢	jīn hé huān
zuurbes (de)	小檗	xiǎo bò
jasmijn (de)	茉莉	mò li

jeneverbes (de)	刺柏	cì bǎi
rozenstruik (de)	玫瑰丛	méi guī cóng
hondsroos (de)	犬蔷薇	quǎn qiáng wēi

96. Vruchten. Bessen

appel (de)	苹果	píng guǒ
peer (de)	梨	lí
pruim (de)	李子	lǐ zi
aardbei (de)	草莓	cǎo méi
zure kers (de)	樱桃	yīngtáo
zoete kers (de)	欧洲甜樱桃	oūzhōu tián yīngtáo
druif (de)	葡萄	pú tao

framboos (de)	覆盆子	fù pén zi
zwarte bes (de)	黑醋栗	hēi cù lì
rode bes (de)	红醋栗	hóng cù lì
kruisbes (de)	醋栗	cù lì
veenbes (de)	小红莓	xiǎo hóng méi
sinaasappel (de)	橙子	chén zi
mandarijn (de)	橘子	jú zi
ananas (de)	菠萝	bō luó
banaan (de)	香蕉	xiāng jiāo
dadel (de)	海枣	hǎi zǎo

citroen (de)	柠檬	níng méng
abrikoos (de)	杏子	xìng zi
perzik (de)	桃子	táo zi
kiwi (de)	狝猴桃	mí hóu táo
grapefruit (de)	葡萄柚	pú tao yòu

bes (de)	浆果	jiāng guǒ
bessen (mv.)	浆果	jiāng guǒ
vossenbes (de)	越橘	yuè jú
bosaardbei (de)	草莓	cǎo méi
bosbes (de)	越橘	yuè jú

97. Bloemen. Planten

| bloem (de) | 花 | huā |
| boeket (het) | 花束 | huā shù |

roos (de)	玫瑰	méi guī
tulp (de)	郁金香	yù jīn xiāng
anjer (de)	康乃馨	kāng nǎi xīn
gladiool (de)	唐菖蒲	táng chāng pú
korenbloem (de)	矢车菊	shǐ chē jú
klokje (het)	风铃草	fēng líng cǎo
paardenbloem (de)	蒲公英	pú gōng yīng
kamille (de)	甘菊	gān jú
aloë (de)	芦荟	lúhuì
cactus (de)	仙人掌	xiān rén zhǎng
ficus (de)	橡胶树	xiàng jiāo shù
lelie (de)	百合花	bǎi hé huā
geranium (de)	天竺葵	tiān zhú kuí
hyacint (de)	风信子	fēng xìn zǐ
mimosa (de)	含羞草	hán xiū cǎo
narcis (de)	水仙	shuǐ xiān
Oostindische kers (de)	旱金莲	hàn jīn lián
orchidee (de)	兰花	lán huā
pioenroos (de)	芍药	sháo yao
viooltje (het)	紫罗兰	zǐ luó lán
driekleurig viooltje (het)	三色堇	sān sè jǐn
vergeet-mij-nietje (het)	勿忘草	wù wàng cǎo
madeliefje (het)	雏菊	chú jú
papaver (de)	罂粟	yīng sù
hennep (de)	大麻	dà má
munt (de)	薄河	bó hé
lelietje-van-dalen (het)	铃兰	líng lán
sneeuwklokje (het)	雪花莲	xuě huā lián
brandnetel (de)	荨麻	qián má
veldzuring (de)	酸模	suān mó
waterlelie (de)	睡莲	shuì lián
varen (de)	蕨	jué
korstmos (het)	地衣	dì yī
oranjerie (de)	温室	wēn shì
gazon (het)	草坪	cǎo píng
bloemperk (het)	花坛，花圃	huā tán, huā pǔ
plant (de)	植物	zhí wù
gras (het)	草	cǎo
grasspriet (de)	叶片	yè piàn
blad (het)	叶子	yè zi
bloemblad (het)	花瓣	huā bàn
stengel (de)	茎	jīng
knol (de)	块茎	kuài jīng
scheut (de)	芽	yá

doorn (de)	刺	cì
bloeien (ww)	开花	kāi huā
verwelken (ww)	枯萎	kū wěi
geur (de)	香味	xiāng wèi
snijden (bijv. bloemen ~)	切	qiē
plukken (bloemen ~)	采，摘	cǎi, zhāi

98. Granen, graankorrels

graan (het)	谷物	gǔ wù
graangewassen (mv.)	谷类作物	gǔ lèi zuò wù
aar (de)	穗	suì
tarwe (de)	小麦	xiǎo mài
rogge (de)	黑麦	hēi mài
haver (de)	燕麦	yàn mài
gierst (de)	粟，小米	sù, xiǎo mǐ
gerst (de)	大麦	dàmài
maïs (de)	玉米	yù mǐ
rijst (de)	稻米	dào mǐ
boekweit (de)	荞麦	qiáo mài
erwt (de)	豌豆	wān dòu
boon (de)	四季豆	sì jì dòu
soja (de)	黄豆	huáng dòu
linze (de)	兵豆	bīng dòu
bonen (mv.)	豆子	dòu zi

LANDEN VAN DE WERELD

99. Landen. Deel 1

Afghanistan (het)	阿富汗	āfùhàn
Albanië (het)	阿尔巴尼亚	āěrbāníyà
Argentinië (het)	阿根廷	āgēntíng
Armenië (het)	亚美尼亚	yàměiníyà
Australië (het)	澳大利亚	àodàlìyà
Azerbeidzjan (het)	阿塞拜疆	āsàibàijiāng
Bahama's (mv.)	巴哈马群岛	bāhāmǎ qúndǎo
Bangladesh (het)	孟加拉国	mèngjiālāguó
België (het)	比利时	bǐlìshí
Bolivia (het)	玻利维亚	bōlìwéiyà
Bosnië en Herzegovina (het)	波斯尼亚-黑塞哥维那	bōsīníyà hēisègēwéinà
Brazilië (het)	巴西	bāxī
Bulgarije (het)	保加利亚	bǎojiālìyà
Cambodja (het)	柬埔寨	jiǎnpǔzhài
Canada (het)	加拿大	jiānádà
Chili (het)	智利	zhìlì
China (het)	中国	zhōngguó
Colombia (het)	哥伦比亚	gēlúnbǐyà
Cuba (het)	古巴	gǔbā
Cyprus (het)	塞浦路斯	sàipǔlùsī
Denemarken (het)	丹麦	dānmài
Dominicaanse Republiek (de)	多米尼加共和国	duōmǐníjiāgònghéguó
Duitsland (het)	德国	dé guó
Ecuador (het)	厄瓜多尔	èguāduōěr
Egypte (het)	埃及	āijí
Engeland (het)	英国	yīngguó
Estland (het)	爱沙尼亚	àishāníyà
Finland (het)	芬兰	fēnlán
Frankrijk (het)	法国	fǎguó
Frans-Polynesië	法属波利尼西亚	fǎshǔ bōlìníxīyà
Georgië (het)	格鲁吉亚	gélǔjíyà
Ghana (het)	加纳	jiā nà
Griekenland (het)	希腊	xīlà
Groot-Brittannië (het)	大不列颠	dàbùlièdiān
Haïti (het)	海地	hǎidì
Hongarije (het)	匈牙利	xiōngyálì
Ierland (het)	爱尔兰	aìěrlán
IJsland (het)	冰岛	bīngdǎo
India (het)	印度	yìndù
Indonesië (het)	印度尼西亚	yìndùníxīyà

Irak (het)	伊拉克	yīlākè
Iran (het)	伊朗	yīlǎng
Israël (het)	以色列	yǐsèliè
Italië (het)	意大利	yìdàlì

100. Landen. Deel 2

Jamaica (het)	牙买加	yámǎijiā
Japan (het)	日本	rìběn
Jordanië (het)	约旦	yuēdàn
Kazakstan (het)	哈萨克斯坦	hāsàkèsītǎn
Kenia (het)	肯尼亚	kěn ní yà
Kirgizië (het)	吉尔吉斯	jíěrjísī
Koeweit (het)	科威特	kēwēitè
Kroatië (het)	克罗地亚	kèluódìyà
Laos (het)	老挝	lǎowō
Letland (het)	拉脱维亚	lātuōwéiyà
Libanon (het)	黎巴嫩	líbānèn
Libië (het)	利比亚	lìbǐyà
Liechtenstein (het)	列支敦士登	lièzhīdūnshìdēng
Litouwen (het)	立陶宛	lìtáowǎn
Luxemburg (het)	卢森堡	lúsēnbǎo
Macedonië (het)	马其顿	mǎqídùn
Madagaskar (het)	马达加斯加	mǎdájiāsījiā
Maleisië (het)	马来西亚	mǎláixīyà
Malta (het)	马耳他	mǎěrtā
Marokko (het)	摩洛哥	móluògē
Mexico (het)	墨西哥	mòxīgē
Moldavië (het)	摩尔多瓦	móěrduōwǎ
Monaco (het)	摩纳哥	mónàgē
Mongolië (het)	蒙古	ménggǔ
Montenegro (het)	黑山	hēishān
Myanmar (het)	缅甸	miǎndiàn
Namibië (het)	纳米比亚	nàmǐbǐyà
Nederland (het)	荷兰	hélán
Nepal (het)	尼泊尔	níbóěr
Nieuw-Zeeland (het)	新西兰	xīnxīlán
Noord-Korea (het)	北朝鲜	běicháoxiān
Noorwegen (het)	挪威	nuówēi
Oekraïne (het)	乌克兰	wūkèlán
Oezbekistan (het)	乌兹别克斯坦	wūzībiékèsītǎn
Oostenrijk (het)	奥地利	aòdìlì

101. Landen. Deel 3

Pakistan (het)	巴基斯坦	bājīsītǎn
Palestijnse autonomie (de)	巴勒斯坦	bālèsītǎn
Panama (het)	巴拿马	bānámǎ

Paraguay (het)	巴拉圭	bālāguī
Peru (het)	秘鲁	bìlǔ
Polen (het)	波兰	bōlán
Portugal (het)	葡萄牙	pútáoyá
Roemenië (het)	罗马尼亚	luómǎníyà
Rusland (het)	俄罗斯	éluósī
Saoedi-Arabië (het)	沙特阿拉伯	shātè ālābó
Schotland (het)	苏格兰	sūgélán
Senegal (het)	塞内加尔	sàinèijiāěr
Servië (het)	塞尔维亚	sāiěrwéiyà
Slovenië (het)	斯洛文尼亚	sīluòwénníyà
Slowakije (het)	斯洛伐克	sīluòfákè
Spanje (het)	西班牙	xībānyá
Suriname (het)	苏里南	sūlǐnán
Syrië (het)	叙利亚	xùlìyà
Tadzjikistan (het)	塔吉克斯坦	tǎjíkèsītǎn
Taiwan (het)	台湾	táiwān
Tanzania (het)	坦桑尼亚	tǎnsāngníyà
Tasmanië (het)	塔斯马尼亚	tǎsīmǎníyà
Thailand (het)	泰国	tàiguó
Tsjechië (het)	捷克共和国	jiékè gònghéguó
Tunesië (het)	突尼斯	tūnísī
Turkije (het)	土耳其	tǔěrqí
Turkmenistan (het)	土库曼斯坦	tǔkùmànsītǎn
Uruguay (het)	乌拉圭	wūlāguī
Vaticaanstad (de)	梵蒂冈	fàndìgāng
Venezuela (het)	委内瑞拉	wěinèiruìlā
Verenigde Arabische Emiraten	阿联酋	ēliánqiú
Verenigde Staten van Amerika	美国	měiguó
Vietnam (het)	越南	yuènán
Wit-Rusland (het)	白俄罗斯	báiéluósī
Zanzibar (het)	桑给巴尔	sāngjǐbāěr
Zuid-Afrika (het)	南非	nánfēi
Zuid-Korea (het)	韩国	hánguó
Zweden (het)	瑞典	ruìdiǎn
Zwitserland (het)	瑞士	ruìshì